中経の文庫

トヨタの片づけ

㈱OJTソリューションズ

本書は、２０１２年11月に小社より刊行された『トヨタの片づけ』を文庫収録にあたり、新編集したものです。

Q

あなたのデスクまわりは、
こんな状態では
ありませんか？

必要な書類を探すのに
10秒以上かかる

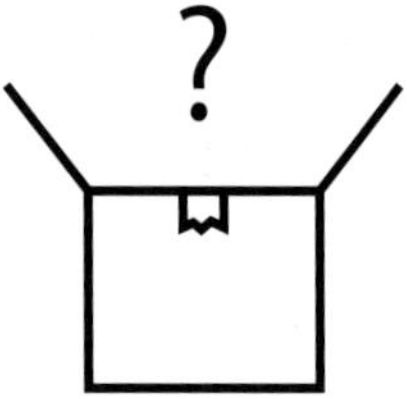

1週間以上使っていない
文房具がある

引き出しの
いちばん奥にあるモノが
何かを即答できない

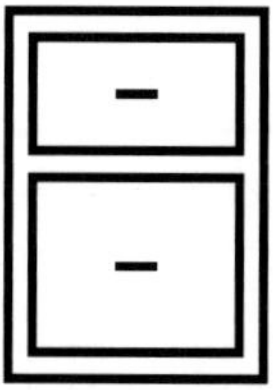

デスクの上にありながら、
1カ月以上触れていない
書類がある

1つでも当てはまる人は、
仕事のムダが発生しています。
いますぐ「片づけ」をする
必要があります。

でも、勘違いしないでください。

片づけとは、
「キレイにそろえる」
ことではありません。
それは、単なる「整列」。
ひとたび乱れてしまえば、
再びぐちゃぐちゃの状態に
逆戻り。

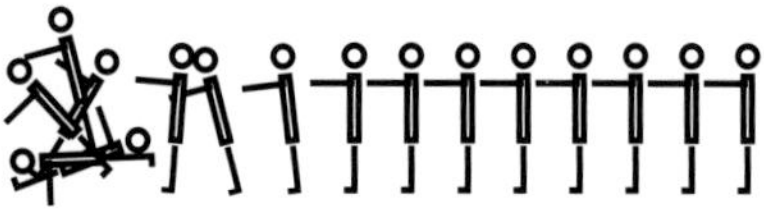

本書で紹介する
「トヨタの片づけ」は、
単なる「整列」では
ありません。

トヨタの片づけとは……。

ムダがなくなり、
効率が上がり、
売上が上がる。

片づけは
あなたの
仕事や職場を変える
「ビジネスツール」
なのです。

はじめに――部下500人分の資料もデスク1つで大丈夫

あなたが、500人を超える部下を抱える上司だとしましょう。あなたのデスクまわりを思い浮かべてみてください。

デスクの上は、どんな状態でしょうか？
書類やファイルはどれだけ積まれているでしょうか？
引き出しの中はどうでしょうか？

「部下が数人しかいないのに、すでにデスクの上も引き出しもキャビネットもモノであふれかえっている。500人もいたら収拾がつかないに違いない」と思う人もいるかもしれません。

いずれにしても、「部下が増える、仕事が増えるほどに、モノは増えていく」というのが一般的な考え方です。

しかし、500人を超える部下を抱えていたトヨタの課長のデスクまわりは、驚くほどすっきりしていました。

デスクの上に常時置いてあるのは、電話が1つだけ。就業時間中は、その日に使う必要最低限の書類とパソコンのみで、退社したあとのデスクの上には電話以外何も置かれていない。しかも、収納用のキャビネットは3つだけ。その中には書類用のファイルが12個、整然と並べられていました。

部下が2、3人増えて、「資料やモノが増えて困る」とボヤいている人からすれば、信じられない話かもしれません。

デスクの上に、書類や資料などがうずたかく積んであると、仕事をしているように見えると思っている人もいるようです。

しかし、トヨタの人たちの仕事ぶりは、まったくの逆。デスクの上がぐちゃぐちゃな人ほど、仕事が後手にまわって、トラブルを起こしがちです。

反対に、**デスクの上が整然と片づけられている人ほど、段取りよく仕事**

をこなしています。この差は明らかです。

トヨタには、片づけの文化が浸透しています。

あとでくわしく述べることになりますが、トヨタには5S（整理・整頓・清掃・清潔・しつけ）というベースとなる考え方があります。これらは、生産の現場で当たり前のように日々行われている基本中の基本。

本書では、この5Sのエッセンスをまとめて「トヨタの片づけ」と考えていますが、これこそトヨタ生産方式を支えている土台といっても過言ではありません。

特に「整理」と「整頓」をしっかりやるだけでも、作業のムダがなくなり、効率がアップするといわれています。それだけ片づけは、トヨタにとって重要な位置づけなのです。

片づけの大切さは、工場の作業にかぎらず、オフィスでも同じ。オフィスにもさまざまな作業が存在し、それが全体に占める割合は少なくありません。

- **書類をつくる**
- **書類を探す**
- **発送をする**
- **メールを処理する……**

　こうした一つひとつの作業の中に潜んでいるムダをできるだけ取り除くことで、仕事はスピードアップし、成果につながっていきます。

　オフィスでも、整理・整頓ができていないと、「書類をすぐに取り出せない」「モノをすぐに紛失する」などのたくさんのムダが発生し、時間やコストの面で損失を被ります。

　そのくらいのムダはたいしたことないと思うでしょうか。整理・整頓は毎日のことなので、塵《ちり》も積もれば山となります。いますぐ手をつけなければ、この先ずっと、ムダを垂れ流すことになり、仕事の効率や成果にもマイナスの影響を与え続けます。

　このように整理・整頓によるムダ取りは、仕事の段取りに直接つながってきます。

　ですから、単純な作業の繰り返しが多い仕事にかぎらず、クリエイティブやマネジメントの仕事をしている人にとっても大きな効果をもたらします。

工場とオフィスにおける片づけの重要性には、まったく違いがありません。オフィスでもトヨタ流の片づけを実践すれば、必ずムダがなくなり、効率が上がります。違いがあるとすれば、「工具とペンの違い」、ただそれだけです。

工場の片づけが生産の効率や成果にプラスの影響をもたらすのと同じように、オフィスやデスクまわりの片づけも、仕事の効率や成果に直結しているのです。

トヨタというと、「ジャスト・イン・タイム」や「かんばん方式」「カイゼン」に象徴されるトヨタ生産方式が、あまりにも有名です。

「うちみたいなオフィスではトヨタの工場のやり方はマネできない」「個人で取り入れても意味がない」と思っているなら、それは誤解です。

「ジャスト・イン・タイム」や「かんばん方式」は、すぐにマネできるものではありませんが、片づけなら、どんな小さな会社でも、どんな仕事に携わる人でもマネできます。大がかりなしくみや予算も必要ありません。いますぐカンタンに「トヨタ式」

を仕事に取り入れられるのです。

本書は、おもに1960年代前半から現在にかけて、トヨタの工場や開発などものづくりの現場で活躍し、現在は株式会社OJTソリューションズ（愛知県名古屋市）でトレーナーとして活動している元トヨタマンの知恵やノウハウを一冊にまとめたものです。

トレーナーは、トヨタで培った考え方やノウハウを、多くの会社に導入し、業績アップや人づくりを支援するコンサルティングを実施しています。

本書で紹介する「トヨタの片づけ」も、トヨタやコンサルティング先のビジネスの「現場」から得られた実践的な知見です。

トヨタ流の片づけの手法を通して、ムダやストレスのない仕事環境をつくり、あなたの仕事や職場の効率がアップすれば、これほどうれしいことはありません。

OJTソリューションズ

CONTENTS

トヨタの片づけ

CHAPTER 1

トヨタ流「片づけ」で仕事が変わる！ うまくいく！

CHAPTER

2

ムダを減らす
トヨタの「整理術」

CHAPTER 3

仕事を効率化させる トヨタの「整頓術」

CHAPTER

4

トヨタ流 片づけが「習慣化」する方法

本文デザイン◎高橋明香（おかっぱ製作所）

CHAPTER

1

トヨタ流「片づけ」で仕事が変わる！うまくいく！

CHAPTER 1

LECTURE 01

「ムダ」という宝を探せ

>> POINT

「徹底的にムダを排除する」ことは、トヨタの基本思想。片づけをすることで、ムダを取り除き、利益に変えることすらできる。

片づけない会社は業績も悪い

「片づけができているかどうかは、その会社の事務所や工場を10分見学すれば、すぐにわかる」

かつてトヨタの工務部で機械保全を担当し、いまはOJTソリューションズでトレーナーを務める中野勝雄は、こう断言します。

片づけができていない会社は、大きなムダが発生し、せっかく稼いだ利益を圧迫しているものです。

中野が、ある顧客の工場の指導をしたときの話です。

その工場は、不要なものがあふれかえり、乱雑に散らかっている状態でした。

「知り合いの家にお邪魔すると、玄関に靴が乱雑に脱ぎ捨てられていることがありますよね。そういう家は、家の中も散らかっている可能性が高いものです。

オフィスでも工場でも、靴やスリッパがそろっているか、段ボールが積み重なっていないか、新聞などが整理されているか、従業員のデスクまわりはキレイか、社内掲示板の情報が新しいものに更新されているか、といった点を見れば、その会社がどれだけ片づけに力を入れているかが一目瞭然。

興味深いのは、片づけができていない会社ほど、利益が出ていないなど、業績面でも苦しんでいる場合が多いという点です」

片づけができていない職場ほどムダが多く、効率が悪い。もっといえば、片づけができていない人ほど、作業のムダが発生し、十分な成果を出せていない――。これは、多くのトヨタマンが、長年の実体験から自信を持っていえることです。

片づければ「ムダ」が利益に変わる

片づけをしないと、多くのムダが発生します。おもに次のような4つのムダが考えられます。

①スペースのムダ

「どこかにモノを置く」ということは、必ず場所が必要になります。まず倉庫に置き、倉庫がモノであふれれば、工場内や通路に置き、そこがあふれればお金を払って別の倉庫を借りる。これは、指導先の現場でよく見られる光景です。

倉庫費用やスペースは、無料ではありません。モノを放置していれば、コストはどんどん膨らみ続けます。

オフィスでも同様で、余計なものがあふれていれば、それだけスペースを奪われることになります。単なる物置と化している部屋はないでしょうか。デスクまわりに、まったく使わないものや段ボールが積み重なっていないでしょうか。それらを片づければ、その部屋やスペースを有効活用できます。

②時間のムダ

さまざまなモノが混在していると、本当に必要なものを探し出すのに時間がかかります。どこにどんな部品が置いてあるかが明確になっていないと、「その作業は担当者しかできない」という事態が起きます。

デスクまわりでも、書類やファイルが無造作に積み重なっていれば、必要な書類を探し出すのに時間がかかり、貴重な時間を失うことになります。

パソコンの中のデータやファイルも、ルールを決めずに放置しておけば、探す時間が生じてしまいます。

③間違えるムダ

ものづくりの現場では、片づけがされていないと、間違った部品を使ってしまうリスクがあります。これは、品質不良やクレームなど大きな問題につながりかねません。

オフィスでも、いろいろな資料が混在していれば、間違った資料を打ち合わせ先に持っていってしまう可能性があります。

パソコンの中のファイル名がぐちゃぐちゃだと、誤ったファイルをメールに添付してしまうかもしれません。

④とりに行くムダ

頻繁に使用するものであるにもかかわらず、遠くに置いてあれば、それだけ時間をムダにします。とりに行く時間は価値を生み出しません。

オフィスでもコピー機を頻繁に使う仕事なのに、コピー機が近くにないと、「移動する」というムダを生み出すことになりますし、手元に頻繁に使用する文房具を置いていなければ、いちいちとりに行かなければなりません。

ムダは利益を生まないばかりか、どんどん利益を侵食していきます。**片づけをすれば、こうしたムダの数々を確実に取り除き、利益に変えることができます。**

このような視点から、デスクや職場を見まわしてみてください。あなたのまわりにも、ムダという「宝」が眠っていないでしょうか。

CHAPTER 1

LECTURE 02

片づけは雑務じゃない。「仕事そのもの」である

>> POINT

片づけは、「仕事の合間にするもの」と思っていないだろうか。トヨタでは、片づけも仕事の一部ととらえられている。

片づけをすれば生産性がアップする

トヨタには「何事も5Sから」という考え方があります。これこそ、トヨタの片づけの習慣を支えている屋台骨といえます。

5Sはトヨタにかぎらず、多くの企業で取り入れられている考え方なので、聞いたことがある方も多いでしょう。

5Sとは、次の5つの活動の頭《かしら》文字をとった言葉で、職場環境を維持・改善するうえで用いられるスローガンです。

- **整理**（Seiri）
- **整頓**（Seiton）
- **清掃**（Seisou）
- **清潔**（Seiketsu）
- **しつけ**（Shitsuke）

５Ｓは効果的な改善手法として、日本だけでなく、世界の企業からも注目を集め、採用されています。

しかし、「５Ｓは製造現場の手法だからオフィスでは導入できない」「うちみたいな小さな企業では、トヨタ式は無理だ」と思っている方もいるようです。

そうした考え方は、誤解にすぎません。

５Ｓは、どんな職場でも仕事でも応用できる考え方です。企業の大小、業界、職種は問いません。「片づけができていない」という状況は、５Ｓでほぼ１００％解消されます。

なぜなら、５Ｓは仕事そのものだからです。

「整理・整頓は、仕事とは別もの」ととらえている人も多いかもしれません。「職場や机まわりをキレイにするのが整理・整頓だから、仕事の合間にやれば十分」と。

しかし、**トヨタでは、５Ｓ、すなわち片づけは仕事の一部ととらえられています。**普段から習慣的にやるのが当たり前なのです。

本書は５Ｓの専門書ではないので詳細ははぶきますが、５Ｓを実施すれば、安全の

5Sの考え方

5つのS	定義
整理 Seiri	「いるもの」と「いらないもの」を分け、「いらないもの」は捨てる
整頓 Seiton	「必要なもの」を「必要なとき」に「必要なだけ」取り出せるようにする
清掃 Seisou	キレイにそうじする。日常的に使うものを汚れないようにする
清潔 Seiketsu	整理・整頓・清掃の状態を維持する
しつけ Shitsuke	整理・整頓・清掃についてのルールを守らせる

！

まずは整理・整頓を徹底するだけでも、
オフィスや仕事の生産性は上がる

確保、原価低減、品質の安定、従業員のマネジメントなど、企業が抱えるさまざまな問題が改善されていきます。5Sに取り組めば、それだけで生産性がアップするともいわれるほどです。

「経営のすべての道は5Sに通じる」といっても過言ではありません。

「整理」「整頓」を徹底するだけでも成果が上がる

トレーナーの中野が指導に入った会社も例外ではありませんでした。

まずメスを入れたのは、「整理」と「整頓」。

とにかく、いらないものを捨てること。壁ぎわに並ぶ大きな棚には、しばらく使っていないものや、1つあれば十分な部品や工具が2つも3つも置いてありました。

それらを捨てて棚をすっきりさせて、必要なものだけを配置していくと、いくつかの棚が必要ないということになりました。

そこで、それをどけると、棚のうしろから窓があらわれ、ピカーッと太陽の光が差し込んだのです。工場長も「こんなところに窓があったのか！」と驚いたほどで、従業員全員が、そこに窓があることを知らずに仕事をしてきたのです。

こうした整理・整頓の結果、どうなったでしょうか。

大幅な生産時間の短縮や年間300万円ほどのコストダウンに成功するなど、生産性が向上したのはもちろん、不良品が減るなど品質も向上しました。

工場内のスペースが広くなり、太陽の光が構内に差し込むようになったことで次の改善がしやすくなっただけでなく、職場の雰囲気がパッと明るくなり、従業員の「次の改善をやってやろう」という前向きな気持ちも芽生えました。

これこそ整理・整頓の効果です。ほかに特別なコンサルティング手法を導入したわけではありません。

多くのトレーナーが言うことですが、**5Sのうち最初の「整理」と「整頓」をやるだけでも、必ず職場の効率はアップし、成果が上がるのです。**

片づけをすることで、利益をかすめ取るムダを取り除くことができるからです。

CHAPTER 1

LECTURE 03

書類を取り出すのは「10秒以内」

>> POINT

トヨタでは、工場にかぎらず、オフィスでも片づけが重要視されている。10秒以内に目当ての書類を取り出せるかどうかが目安となる。

「書類を探す時間」は、積み重なると大きなムダとなる

オフィスで働いている人は、ものづくりの現場で働いている人ほど、整理・整頓やムダについて意識していないかもしれません。しかし、自分のデスクまわりを見るだけでも、多くのムダに気づくと思います。

たとえば、デスクの上に、たくさんの書類やファイルなどを乱雑に積み重ねている人をよく見かけます。

タワーのように書類を積んであっても、「自分は必要な書類をすぐに取り出せる」と豪語する人もいますが、いったんほかの人が整理したり、書類の山が崩れてしまったりすると、どこにどの書類があるかわからなくなりますし、何より見た目が悪い。

上司から頼まれた資料を何分も探した挙句、結局出てこない、といった話はよくあります。パソコンの中のファイルやメールでも同様です。これらも当然、時間のムダなのですが、「そのくらいは、たいした時間ではない」とうそぶく人もいます。

しかし、1日30分間、何かを探す時間に充てていたらどうなるでしょうか。

1カ月20日働くとすれば、1年で7200分（600分×12カ月）。ということは、1日8時間働くとすれば、年間15日間の貴重な時間を探すことに費やしていることになります。これをムダといわずに何といえばよいでしょうか。小さなムダも積み重なると、大きなムダになるのです。

今日、必要なもの以外はデスクの上に出さない

トヨタでは、オフィスであっても整理・整頓が求められます。

トレーナーの山本政治は、こう証言します。

「私が所属していたトヨタの生産管理部では、書類は10秒以内に取り出すことが暗黙のルールでした」

つまり、上司から「あの資料を見せてほしい」と言われてから、あたふたと探しているようではダメ。これこそ、探す時間のムダです。

トヨタで39年もの間、車体製造の工程を担当してきた中島輝雄もまた、デスクまわりの整理・整頓を心がけて仕事をしていた一人。

「デスクの上に積まれた書類の山の中に、今日の仕事で必要なものは、どれだけあるでしょうか。今日の仕事で使うのは、その中の一部で、ほとんどのものは使わないはずです。なかには、1カ月以上、ひどい場合は1年以上使わないような資料が積まれているケースさえあります。

デスクで仕事をするうえでの鉄則は、『**今日、必要なもの以外はデスクの上に出さない**』ということ。明日、使う書類は必要ありませんし、文房具も今日使わないのであれば、定位置に収納しておくべきです。そして退社するときには、デスクの上には何も残っていない、というのが理想的な状態です」

置きっぱなしの書類のほとんどは捨てても問題ない

社内で地位が上がり、部下が増えれば増えるほど、デスクまわりが乱雑になってくる人も少なくありません。

部下が増えれば、それだけまわってくる書類が増える。出席する会議も増えるので、資料も多くなる。だから、それらを保管するスペースがどんどん増え、モノばかり増えていく。そして、「場所がない、場所がない」とボヤいているのです。

しかし、トヨタの場合、管理職になるほどモノが少なくなり、デスクまわりがすっきりしている場合が少なくありません。

「はじめに」の中で、「500人を超える部下を抱えているのにもかかわらず、デスクまわりがキレイに片づいている課長」の話をしましたが、機械部で課長職を経験したトレーナーの土屋仁志もその一人。

一時は530人を超える部下のマネジメントをしていたにもかかわらず、「デスクの上に置かれているのは電話1つ、しかも、キャビネットは3つだけだった」と土屋は言います。

「自分のデスクの上に置きっぱなしになっている書類を見渡してみてください。本当に必要なものなど、ほとんどないはずです。

本当に重要なものは、データならパソコンの中に入っているし、紙なら鍵のかかる引き出しなどに入れてあるはず。なくして困るものなら、肌身離さず持っていて、家に持ち帰るでしょう。自分の免許証をデスクの上に放置する人はいませんよね。財布などは決まった位置に入れているはずです。それはデスクの上でも同じ。

「**デスクの上に置きっぱなしにしているという時点で、捨ててもかまわないものである可能性が高い**でしょう」

人間心理として、「いつか使うかもしれないから捨てにくい」と思ってしまうものですが、実際には、捨てて困ることはほとんどありません。だいたいはパソコンの中にデータとして残っていますし、ほかの誰かが保管しているものです。

大事に資料などを保管している人もいます。**「またいつか使うかもしれない。だから捨てにくい」と言いますが、現実に使うことなどめったにありません。**

そもそも時間がたてば、ビジネス環境は大きく変わっています。昔の資料などは時代が古くて使いものにならない。そのときにはそのときの新しい資料が必要になっているはずです。

CHAPTER 1

LECTURE 04

「キレイにする」がゴールではない

>> POINT

モノを右から左へ移動させ、キレイに「整列」させることは、トヨタでは片づけとはいわない。まずは「整理」「整頓」の定義をはっきりさせる必要がある。

多くの人が片づけられない理由

「自分のデスクまわりを片づけたい」「オフィスをキレイにしたい」と思ったとき、どのような手順を踏んでいけばいいのでしょうか。

片づけを始めてみたものの、途中で収拾がつかなくなってしまう。あるいは、しばらくの間は片づいてキレイになっているものの、また乱雑に散らかった状態に戻ってしまうことがあります。

なぜ、そうなるのでしょうか。その理由は、次の通りです。

「整理・整頓とは何かについて、そもそも考えたことがない。そんな状態のまま取り組むから、いつもうまくいかない」

片づけられない人は、整理・整頓について「身のまわりをキレイにすること」程度の認識しかないのが現実ではないでしょうか。

しかし、トヨタの片づけは、「キレイにする」がゴールではありません。

トヨタは5Sの中でも、特に整理・整頓を重要視し、まずは、この2つから取りかかることになります。

整理・整頓の定義そのものは、きわめてシンプル。次のようなものです。

・整理する＝「いるもの」と「いらないもの」を分け、「いらないもの」は捨てる

・整頓する＝「必要なもの」を「必要なとき」に「必要なだけ」取り出せるようにする

トヨタの片づけのすべては、ここから始まります。定義そのものはシンプルですが、その意味するところは深く、実行に移していくことは単純なことではありません。

なぜなら整理についていえば、

・これは「いるもの」

・これは「いらないもの」

と分けていくための判断基準が毎回、問われてくるからです。判断基準があらかじめ定まっていないと「いるもの」と「いらないもの」を峻別することができません。

だからこそ、思いつきで整理を始めたとしてもうまくいきません。身のまわりの数々のものを前にし、戸惑ってしまう。これは「いるもの」か「いらないもの」か判断できず、結局は何も捨てられなくなってしまうのです。

整頓についても同じ。「必要なものを必要なときに必要なだけ取り出せるようにする」といいますが、

・「何が」必要なのか
・「いつ」必要なのか
・「どのくらい」必要なのか

がわかっているかどうか。それらを定めていけるかどうかが重要です。

それなしに整頓を進めたとしても、モノの適切な置き場所を決めていくことはできません。結果として、当人にとってきわめて非効率なモノの配置となり、整頓のための整頓になってしまいます。

「キレイにそろえる」、それは「整列」にすぎない

整理・整頓というと、モノを右から左に動かすだけで終わってしまうことが多くないでしょうか。それでは何のためにやっているのかわかりません。

ただ並べ直しただけでは「整列」、単にキレイにそろえただけです。

たとえば、本棚を整理・整頓しようというときに、本の大きさごとにそろえて収納する。あるいは、書類の入ったファイルを大きさや色別にそろえて並べる。見た目はキレイになるので、多くの人はそこで満足してしまいます。

いらないものを捨てずに、右から左へモノを移動させることは、トヨタでは整理・整頓とはいいません。整理・整頓とは「捨てる技術」であると同時に、「必要なものを必要なときに必要なだけ取り出せるようにする」ことなのです。

「整列」と「整理・整頓」の違い

整列

キレイにそろえて並べる

↓

片づけではない（×）

整理・整頓

・「いらないもの」は捨てる
・「必要なもの」を「必要なとき」に
「必要なだけ」取り出せるようにする

↓

トヨタの片づけ（○）

CHAPTER 1

LECTURE 05

モノを持つことは、コストになる

>> POINT

「捨てるのはもったいない」という心理的抵抗があると、いつまでたっても片づかない。トヨタでは、こうした「心の壁の片づけ」も大事にしている。

トヨタが取り組んできたソフトとハードの融合

片づけには人間性への深い洞察も必要となります。なぜなら「整理・整頓を進めていくのは人間にほかならない」ためです。

何でもそうだと思いますが、物事にはハードとソフトの両面があります。ハードは、さまざまな手法、設備、しくみといったもの。一方のソフトは、人間の心の部分。

トヨタでは長年にわたって、ハードとソフトの融合に取り組んできました。トヨタというと、トヨタ生産方式などハードの部分が脚光を浴びがちです。

しかし、**トヨタが長年にわたり苦心して向き合ってきたのは、むしろ人間の心というソフトの部分**なのです。それがあって初めて、ハードの部分をつくることができ、それを活用していくことができた。これは、整理・整頓の活動についてもあてはまることです。

まずいことは隠したくなる。それが人間の心理

具体的には、**人は自分にとってまずいことがあれば隠してしまう**といったことがあります。これは、いかんともしがたい人間の心に関わるもの、ソフトの部分にあたるものです。

ものづくりの現場では、誤発注によって搬入された材料が、誰の目にもとまりにくい倉庫の隅に隠されてしまうことがしばしば起きます。結果、倉庫はモノであふれかえり、整理・整頓が進まない状況になります。

こうした状況に陥るのを防ぐために、「まずいことがあれば隠したくなる」という人間の心にどのように向き合っていけばよいのか、を考えていくことが必要です。

そのほかにも、まわりが無関心であったらやる気を失う、という人間のメンタリティがあります。どんなによいことであっても、まわりからの評価・叱責などの関心がなければ続けていくのはむずかしい。整理・整頓のルールを決めたとしても、やがてそれがすたれてしまうのもそのためです。

だからこそ、人と人とがどう関わっていくかというソフトの部分への考察と対応も求められてくるのです。

実は、トヨタの強みは、このソフトの側面にあります。

整理・整頓を進めていくための考え方と方法についても、それらはすべて人間に対する深い洞察から生まれてきたものです。それが理解できて初めて、これまでなかなかうまくいかなかった整理・整頓を、スムーズに進めていけるようになります。

期限を過ぎたら捨てる

モノを捨てることに対して、心理的な抵抗を感じる人もいることでしょう。

実際の現場でも、期限が過ぎているにもかかわらず、なかなか処分することができず、ずるずるとモノを持ち続けてしまうことがよく起きています。これもソフトの問題です。

たとえば目の前に、不要になった書類があるとします。

これらの書類を捨てること自体はカンタンです。シュレッダーにかければ、ほんの数秒で終わってしまいます。

ただ、その一方で、それらの書類にまつわる人の心がなかなか捨てにくい。「いらないもの」だと、頭ではわかっていたとしても、

・「急に必要になったときに困らないだろうか」
・「一生懸命つくったものだから、とっておきたい」
・「使わないけど、捨てるのはもったいない気がする」
・「上司が『書類を見たい』と言ってくるかもしれない」

といった心理がブレーキとして働きます。頭では「捨てよう」と考えても、心では「捨てたくない」と思うのです。

モノを捨てることに対し、人間の心理として「もったいない」という気持ちが働くのが通常です。特に、私たち日本人は子どもの頃から、「モノを粗末にしてはいけない」「モノは大切に使うべきだ」と教わってきました。これ自体はすばらしい思想だ

と思います。

モノを捨てることに抵抗がある人に対し、私たちは**「モノを持つことにはコストがともなうことを考えてください」**と話しています。

「いつかは使うだろう」をコストとして見たときにどうなのか、モノを保管することでどのくらいお金がかかるのか、を考えてみてください。

コストとは、金銭的なものだけでありません。モノを探す時間やモノを遠くまでとりに行く時間も立派なコストです。

コスト意識を持ってモノを見れば、それは本当にとっておくべきなのかどうか、「いるもの」なのか「いらないもの」なのかを考えて行動できるようになります。

そして、「いつかは使うだろう」「捨てるのはもったいない」と言って、「いらないもの」を抱え続けているほうが、「もったいない」とわかるはずです。

「いつかは使うだろう」は諸悪の根源

会社には決算があります。決算前の棚卸しでは、モノによっては資産として評価されるものが出てきます。使われることのない「いらないもの」を抱えているがために課税対象となり、余分な税金を払わなければいけないといったことが起こります。

また、モノは長く保管しているうちに必ず傷んできます。数年すると錆びて使えなくなるものもあります。「いつか使うかもしれない」と言ってとっておいても、気がついたら使いものにならなくなっていた、ということがよく起こります。そうしたモノのために、高い倉庫代をかけてよいのかどうか……。

「いらないものは処分する」を徹底できていない人や職場は、コストの観点が求められます。

トヨタには**「〝いつかは使うだろう〟は諸悪の根源」**という言葉があります。「いつかは使うだろう……」。あなたには、こんな口ぐせはないでしょうか。そんな言葉がよく出てくるようでは、片づけはうまくいきません。

CHAPTER

2

ムダを減らす トヨタの「整理術」

CHAPTER 2

LECTURE 01

「モノの放置」がすべてを物語る

>> POINT

トヨタマンは、「モノの放置」を放っておかない。「整理」がされていないオフィスは、成果が上がりにくいものである。

「モノの放置があるかないか」で会社や社員のレベルがわかる

私たちが現場に入るとき、最初に注目することがあります。それは、「モノの放置がされていないか」です。

モノの放置があるかないかで、現場やオフィス、もっといえば社員個人のレベルが怖いくらいに、ひと目でわかってしまうのです。

また、「モノの置き場が決まっていない」という事実から、従業員のしつけ、作業効率、品質、安全などすべてが浮かび上がってくるのです。

モノの放置とは、そもそもどういうことでしょうか。それは、身のまわりにあるモノへの意識が欠落しているということ。

「いるもの」と「いらないもの」を分け、「いらないもの」は捨てる——という「整理」が意識されていないから、モノの放置が生まれます。

たとえば、現場において以下に挙げるような事態が起こってしまうのです。

そのルールは本当に「正しい」のか？

ＯＪＴソリューションズのプロジェクト・コーディネーターを務める浅井司が元トヨタマンのトレーナーと２人で、ある建設会社の事務所を訪ねたときのことです。

その建設会社でも、職場の現状を見ていくことから始めましたが、まずは工事監督のデスクのまわりに散乱・山積みされた書類を整理・整頓することで一致しました。

その事務所には、工事監督のデスクがあり、その上はさまざまな書類であふれかえっていました。さらに、そのまわりには書類がぎっしり詰まった段ボールも山積みになっている状態でした。

「その工事監督は、書類作成やそのチェックに追われ、現場に出たくても出られない状況でした。それを何とかしたいという要望を受けて、私たちがお手伝いに入ったのです」

浅井たちは、さまざまなことに着手しましたが、そのひとつが**「書類の保管期間の見直し」**。

その会社では、書類を5年間保管することになっていました。しかし、5年間という期間は長すぎるのではないかと考え、その根拠を聞いていったのです。

すると、書類を5年間保管するということは、同社がＩＳＯを取得する際に何となくできたルールであることがわかりました。明確な根拠や必然性はなかったのです。

「工事監督が言うには、『ＩＳＯの規定上そうなっている』とのことでした。しかし、これはあいまいな答えだと思いませんか。そこで、さらに突っ込んで聞いてみたところ、『ＩＳＯの外部コンサルタントに、こういう書類は5年くらい保管したほうがいいと言われたから』という言葉が返ってきました」

ＩＳＯの取得にあたっては、外部からＩＳＯの専門コンサルタントを招き、社内の管理体制を整備していくのが普通です。

その外部コンサルタントのひと言で、書類は5年間保管するというルールがいつの間にか定められていました。本当の必要性にもとづいて、自分たちが考え、自分たちが決めたルールではなかったのです。

そこで、「5年前の書類を振り返って見ることがありますか。あらためて考えてみてください」と工事監督に尋ねてみました。身のまわりに山積みになっている書類と向き合ってもらったのです。

すると、**5年前の書類を取り出して見ることなど、一度としてなかった。2〜3年前の書類であれば見返すことはあった——。それが実態でした。**

つまり、5年間も書類を大事に保管しておく必要はなかった。過去3年分を保管しておけば十分だったのです。

不要なルールに縛られていた

身のまわりにあるものを意識して見ていく。すると、実態と違ったルールにしたがって保管してあったモノが、実は「いらないもの」だったことがわかってきます。

これら「いらないもの」をとっておき、使わないまま放置し続けたがために、書類や段ボールの山が生まれていた。会社のかぎられたスペースを圧迫し、日々の作業性を損なっていた――。その事実が見えてくるのです。

そこで、その建設会社はＩＳＯ事務局の元に赴き、現場での書類管理の実情を伝え、保管ルールを5年から3年に変更したい旨を伝えることになりました。ＩＳＯ事務局は検討のうえ、保管ルールの変更を認め、**工事監督のデスクのまわりにあった書類や段ボールの山は半分近くも処分することができた**のです。

あとで見返すことのない不要な書類を特定し、その放置をなくすことで、工事監督のデスクまわりは整理・整頓されていきました。

オフィスやデスクのわきに山積みにされた段ボールや書類の山はないでしょうか。パソコンの中に終わったプロジェクトのデータをいつまでも保存していないでしょうか。デスクトップ上に提出済みのファイルを放置していないでしょうか。もしあるなら、「本当にいるものなのか」という視点から、それらをチェックする必要があります。

CHAPTER 2

LECTURE 02

捨てる「判断基準」を持ちなさい

>> POINT

「いらないもの」を捨てて、モノを減らすには、捨てるための判断基準が必要。トヨタでは、判断基準がしっかりと定められている。

社員が優先した「判断基準」とは

モノの放置は、身のまわりのものへの意識の欠落から生まれてきます。

身のまわりのものをよく見てみましょう。それは「いるもの」なのか、それとも「いらないもの」なのか。

ここで問題となってくるのは、「いるもの」と「いらないもの」とを分ける判断基準です。

かつてのトヨタで起こりました。

「いるもの」と「いらないもの」を分けるということについて考えさせられる事例が、かつてのトヨタで起こりました。

あるとき、トヨタ系のディーラーに、「クルマを走らせていたらタイヤがパンクした」という人がかけ込んできました。

これから遠方までどうしても出かけなければならない用事があり、そのためにクルマを走らせていた。だが、タイヤがパンクしてしまったためにクルマを動かせなくなったので、何とかしてほしいということでした。

しかし、そのディーラーには、取り替え可能なタイヤの在庫がたまたま切れていた。このときディーラーの社員はどうしたでしょうか。

ディーラーの店舗の中には、新車が展示してあります。その展示車のタイヤを抜き、クルマのタイヤ交換をしてあげたのです。

タイヤがパンクし困って飛び込んできた人は、「そこまでやってくれるとは」と驚くとともに、感動して店舗をあとにしました。

それだけではなく、そのあとにディーラーを訪れた来客者たちの反響も大きかったのです。タイヤが1本外されている展示車を見ると、誰しも不思議に思うのでしょう。「なぜ、あの展示車にはタイヤが1本足りないのか」と尋ねて事情を知り、そのディーラーのファンになる人が何人も出てきたのです。

結果として、そのディーラーは口コミが広がって人気店になり、売上も上がっていったのです。

普通であれば、「すみません。タイヤの在庫がないのでタイヤ交換はできません」と言うところでしょう。それをディーラーの社員は「展示車のタイヤがあるからそれを使う」という対応をしました。

片づけには「判断基準」が必要不可欠

ディーラーの社員は「お客さまを最優先に考える」という判断基準があったからこそ、このような対応をとることができたのです。

ディーラーの店舗内にあるタイヤ1つとっても、判断基準をどこに置くかによって「いるもの」か「いらないもの」かが異なってきます。

そのタイヤは、展示車の一部として「いるもの」でした。しかし、タイヤがパンクして困っているお客さまが目の前にあらわれた。そのお客さまは、遠出するためにどうしてもタイヤが必要である。

ここで「お客さまを最優先に考える」という判断基準が出てくる。その判断基準に照らすと、タイヤはお客さまにとって「いるもの」であり、最優先すべき事項になる。

見栄えは悪くなっても、展示車には「いらないもの」といった思い切った対応をとってもいいことになる。

これは特別なケースであり、整理の話とは直接関係ありません。ただ、判断基準の重要性を考えるうえでは、たいへん参考になる話です。

こうした考え方は、「整理」もまったく同じ。

「いるもの」「いらないもの」の判断基準をどこに置くかということ、それがまさしく整理することにつながっていきます。

いざ捨てようと思っても、「いるもの」「いらないもの」の判断基準が明確でなければ、「やっぱり必要かも」「いつか使うかも」と迷いが生じて、捨てられません。しかし、捨てるための判断基準があれば、ためらうことなく、「いらないもの」を捨てることができます。

「捨てる」には判断基準が必要

整理

「いらないもの」を捨てる

↓

判断基準

あり ↓ 迷わずに捨てられる

なし ↓ 迷って捨てられない

「いるもの」「いらないもの」を分ける
判断基準が整理には不可欠

CHAPTER 2

LECTURE 03

「いつかは使う」には期限をもうける

>> POINT

「いつかは使う」――これこそモノが片づかない原因。トヨタでは、1週間や1カ月の期限を切って、モノが増えないようにしている。

「時間」を判断基準にする

目の前にあるモノが「いるもの」なのか、「いらないもの」なのか、トヨタでは、その判断基準のひとつを「時間」にもとづいて定めています。

身のまわりにいろいろなものがあるとします。そうしたとき、それらは大きく3つに分けられます。

①いま使うもの
②いつか使うもの
③いつまでたっても使わないもの

この3つをきっちり分けようというのが、トヨタの考え方になります。

1つ目の「①いま使うもの」とは、まさしく今日や明日に使うもの。すなわち「いるもの」です。

ものづくりの現場であれば、いま製造しているものの部品などです。オフィスであれば、いま関わっているプロジェクトの関連資料などになるでしょう。

それらが手元になければ、すぐに仕事ができなくなってしまうといったものです。

「いつか」には、必ず「いつまでに」と期限をもうける

ここまでは誰にとってもむずかしくないはずです。問題は、2つ目の「②いつか使うもの」からです。

私たちの身のまわりには、「いつか使うもの」があふれています。「この資料は、いつか役立つかもしれない」「この文房具は、いつか使うだろう」という思いから、ついついため込んでしまいます。

これらとどのように向き合っていくべきかが、整理のポイントになるのです。

「いつか使うもの」に対しては、必ず「いつまでに使うか」を問わなければなりませ

ん。つまり、**期限をもうける**ということです。

どんなモノであるかによって、その期限はさまざま。それでも、1週間後、1カ月後、3カ月後、半年後……というように、モノや仕事の種類によって期限を決める必要があります。

ひとたび期限をもうけたら、その期限が「いるもの」と「いらないもの」を分ける判断基準となります。

たとえば、誰かからモノをあずかったとします。

「とりあえずここに置かせてください」

そうした場合、私たちトヨタの人間が必ず相手に聞き返す言葉があります。それは、「いつまでに使いますか」ということ。いつまで保管しておけばよいのか、期限を明確にするのです。

そして、期限がやって来て、相手から何の連絡も来なかったとしたら、それは、「いらないもの」として自動的に処分します。

「いつか使うもの」に対しては必ず期限をもうける。それを過ぎても使われることがなかったら、3つ目の「③いつまでたっても使わないもの」へと格下げする。そして捨ててしまう。これが原則です。

「いつまでに」の期限はできるだけ短く

では、「いつまでに」の期限は、どのように設定すればよいのでしょうか。

保管期間が短ければ短いほど、モノは少なくなる。保管期間が長ければ長いほど、モノは多くなる。整理を徹底させたいと思うのであれば、**保管期間をできるだけ短くし、期限をできるだけ間近のところに設定していく**ように心がけていくといいでしょう。

トヨタでは1週間、1カ月の単位で期限を切り、モノを見ることがよくあります。

トヨタでは、身のまわりのものをよく棚卸しします。そして「いつかは使うかもしれないもの」を一時保留として観察してみるのです。

・1週間たっても誰も手をつけない……

・1カ月たっても誰も手をつけない……

そういうことであれば、だいたいこれは「本当は必要ないもの」「使わないもの」「いらないもの」と判断します。

ものづくりの現場なのか、オフィスなのかによっても、期限の切り方・保管期限の定め方は異なるでしょう。

ただ、すべてに共通するのは、**「いつか使うもの」の期限はできるだけ短く切るようにしていく**ことです。そうすることで、抱えるべきものを格段に減らしていけるようになります。

終わると同時に処分！

「いつか使うもの」の期限を、ぎりぎりのところまで持っていこうとするのであれば「終わると同時に処分」になります。案件が1つ片づくたびに、関連書類を捨てるのです。

浅岡矢八は、トヨタの技術部に在籍し、新車の試作に長年携わってきました。まだ世の中に出ていないクルマを開発していく仕事で、日々の作業はほかに漏れないよう、機密を保って行われていました。

こうした仕事では、さまざまな機密書類が作成され、保管されることになります。機密書類は、重要度に応じて3段階にレベル分けされ、それに応じて閲覧できる人が定められ、管理方法も変えられていました。

これらの書類は膨大な量になりましたが、それらは「終わると同時に処分」といった扱いがされていたため、技術部の職場は書類であふれかえるといった事態にはならなかったのです。

「試作を進め、いよいよ商品化のメドが立ったというときが来ます。すると、それを『期限』として、これまでの機密書類はすぐにシュレッダーにかける。そのようにルール化していました。そうしないと職場は足の踏み場もなくなってしまいますから」

商品化の段階に移ると、新車に関わる設計は「号口図面《ごうぐち》」と呼ばれる図面に反映されることになります。

「号口図面」になると、社内や協力会社に対して開示され、いよいよ商品化・量産化に向けた動きとなります。つまり、技術部の中だけで管理する機密情報ではなくなるのです。当然、そのもとになった技術部内のさまざまな機密書類は、保管しておく必要がなくなります。

これは、オフィスで働く人にも参考になる方法ではないでしょうか。**「終わると同時に処分」を徹底して行っていけば、デスクの上に書類が山積みになることはありません。**

「いらないもの」は即刻処分！

3つ目の「③いつまでたっても使わないもの」は、どうすればよいでしょうか。これはカンタン、即刻処分するのが原則です。ためらうことなく、捨ててしまいましょう。

個人のものであれば、思い切りよく捨ててしまえば問題ありませんが、職場共有のものなど、捨てる決裁権が自分にない場合もあります。

こうした場合、「自分たちでは判断できないから」と面倒になってそのまま放置しがちですが、それでは職場の整理は進みません。

決裁権を持っている人とじっくり話し合って理解を求めるか、決裁権を持っている人を巻き込んで、一緒に整理するという方法をとるとよいでしょう。

そのほか、処分するために稟議書《りんぎしょ》など煩雑な手続きが必要になる場合もあります。つい先送りしたくなりますが、「いらないもの」はムダやコストを生み続けます。コストを垂れ流す悪循環を断ち切る決意をして、手続きを進めましょう。

それが実際にコストダウンにつながれば、会社や上司から評価される可能性もあります。そう考えれば楽しく思えてくるかもしれません。

「時間」を判断基準にする

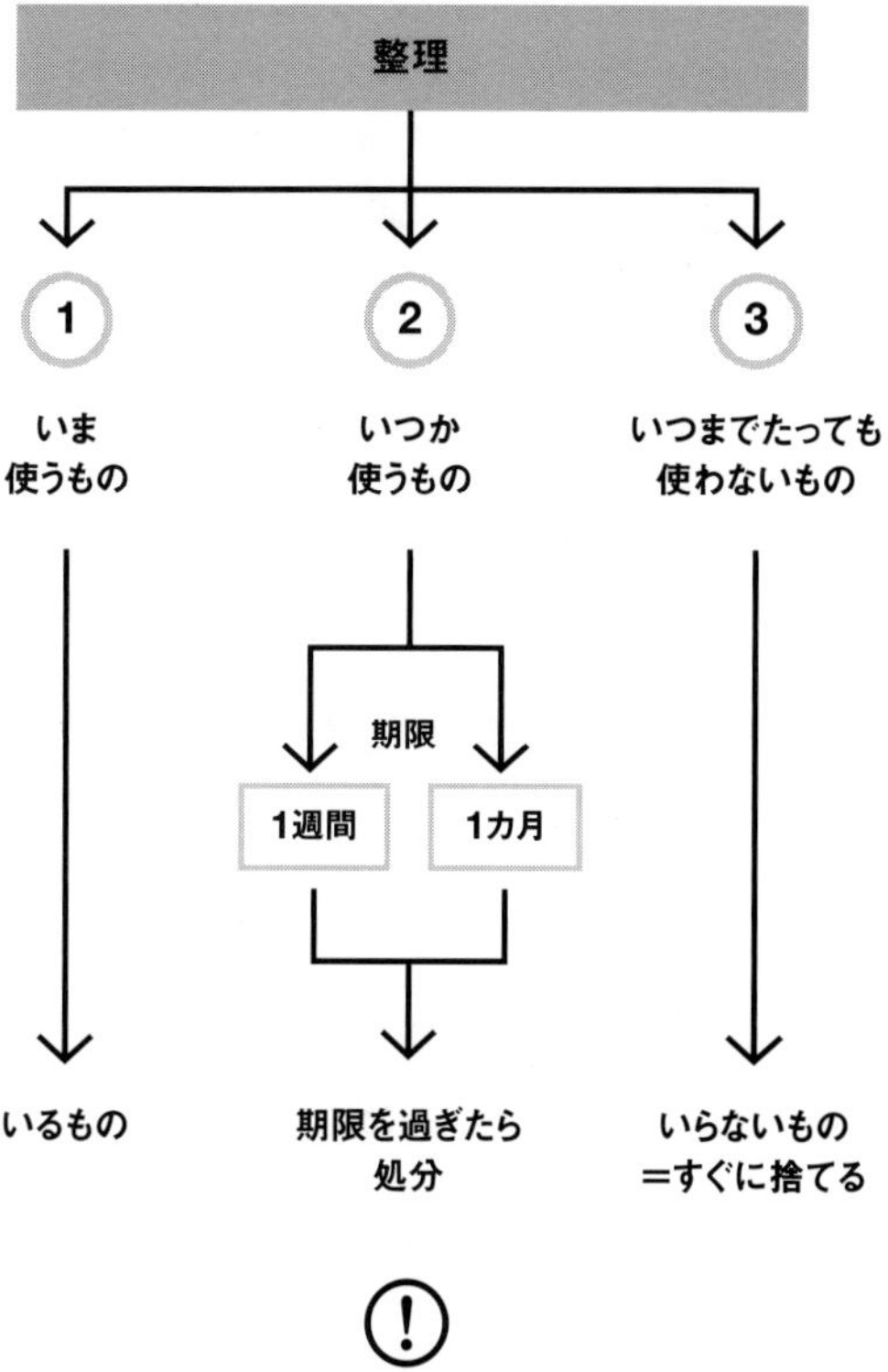

「②いつか使うもの」は、期限をもうけるのがポイント

CHAPTER 2

LECTURE 04

人を責めるな。「しくみ」を責めろ

>> POINT

片づけられないのは、誰もが持つ人間心理が影響している。だから、トヨタでは、人を責めるのではなく、片づけるための「しくみ」をつくっている。

「人はモノを隠したがる」という前提で片づける

整理を進めていくと、立ちふさがる壁がいくつか出てきます。

そのひとつが**「人はモノを隠したがる」**ということ。これは、誰もが持っている人間心理で、日常生活でもよく見られます。

自分にとって都合の悪いものがあったりすると、人間は、部屋の隅などに隠してしまいます。誰の目も届かないところなどに、押し込んでしまったりするわけです。

子どもは、悪い点数をとったテスト用紙はクシャクシャに丸めて、引き出しの奥にしまい込んだりします。みなさんも、経験があるのではないでしょうか。

だから、職場やデスクまわりには「都合が悪くて隠されたもの」によって、目に見えないうちにモノが増えている、といったことが起きます。

こうした状況になるのを防ぐには、人間の心理というソフト面にアプローチし、対応策を考えていかなければなりません。つまり、

・人はどんなときにモノを隠そうとするのか
・人はどうすればモノを隠さなくなるのか

ということを考察し、それにもとづいて「しくみ」や「しかけ」などのハード面をつくっていくのです。

発注ミスによる在庫が、天井裏に山積み

人がモノを隠してしまうのはどんなときでしょうか。

トヨタの工場に長く勤めてきた内田勝男は、あるものづくりの現場で、こんな経験をしました。

「ある会社の棚卸しを手伝ったことがあるんです。

すると、倉庫の奥のほうから、それこそ天井裏にまで、5年以上も前の古い在庫がいっぱい置かれていた。

これらは一体何かということで調べてみたら、担当者の発注ミスによって納品され、結局は使われないまま置かれているものがほとんどだったんです」

仕入れの担当者が、発注ミスをしてしまうことがあります。必要ではないものを誤って発注してしまったり、同じものをダブルで発注してしまったりといった場合です。

こうしたとき、仕入れの担当者が自身のミスを認め、社内に開示して適切な処置をとっていくのが健全なあり方です。しかし、その会社では、発注ミスの情報が担当者レベルで止まっていた。誤発注によって届いた材料が、倉庫の奥のあまり目の届かないところに積み上げられていたのです。

その結果、月500万円の倉庫代をかけて、使うことのない古い在庫をたくさん抱えることになり、なおかつそれらは資産として計上され、税金を多く払わなければならない状況になっていました。つまり、発注ミスによる損害以上の損害が生まれていたのです。

人間は誰しも自分のミスを他人に知られたくないという気持ちが働きます。ましてや、そのミスに対して厳しく責任を問われるような風土であれば、ますます「知られたくない」と思うようになる。そして「隠す」という行為に手を染めてしまうのです。

だから、トヨタには**「人を責めるな。しくみを責めろ」**という言葉があります。それを基本姿勢として繰り返し口にしています。

人間はただでさえ、自分の失敗を認めたくない。そのうえ、何か失敗するたびに、本人の責任を厳しく追及していたら、ミスしたときにそれを隠すようになります。そうなると、問題が見えなくなり、会社にとっては大きな損害です。それは整理についていえば、隠されたものが積み上がるといった形であらわれます。

この場合であれば、発注ミスをした担当者の責任を問い詰めることはしません。むしろ、そうしたマイナス情報を迅速に伝えることを評価する風土をつくっていくのです。そのうえで、

・なぜ、発注ミスをしたのか
・どうすれば、発注ミスをなくせるか
・発注ミスが起きたときにどのように対処するか

といったしくみづくりに着手するのです。

すると、発注ミスがないようダブルチェックするしくみをつくったり、誤発注によって納品された材料を別の工程で利用するなどの対応策が生まれてきたりします。

このような社内風土がつくられていけば、「モノを隠したがる」ことがなくなります。片づけを進める土壌が生まれるのです。

オフィスやデスクまわりも同じです。

デスクの上に積まれた書類の山や、引き出しの奥に突っ込まれたものは、自分にとって都合の悪いものが隠されていることが多い。たとえば、本来はファイリングすべき書類や、引き継ぎの際に渡されたが一度も見ていない資料などです。それらを片づけなければならないことは、百も承知であるのに片づけられない。それが誰もが持つ人間の心理です。

ですから、そうした人間の心の弱い面を理解したうえで、「捨てるためのルールをつくる」「期限をもうける」といった「しくみ」をつくることが大切です。精神論だけでは、片づけは実行できないのです。

CHAPTER 2

LECTURE 05

「いらないもの」探しは壁ぎわから

>> POINT

トヨタでは、職場をチェックするときに、「壁ぎわ」や「陰」となっている部分を見る。このような場所に、いらないものがたまりがちだからである。

「正規ルート」を外れて、横道に入ってみる

人はモノを隠したがる——。だから、人がモノを隠してしまったときには、どのように見つければいいかを考えなければなりません。隠されたモノを見つけるわけですから、当然、整理されているスペース以外に着目する必要があります。

トヨタの豊田英二元社長や大野耐一元副社長などは、突然、連絡もなしに、ふらりと現場（工場）にやって来ることがありました。その場では何も言わずに帰っていくのですが、あとで気になった点を現場の管理職に伝えていました。

もしも重役が工場見学に来ることが事前にわかっていれば、工場の従業員は、それに備えてキレイに片づけるなど準備をするので、一見うまくいっているように見えます。しかし、そうすると、重役は現場の実態や事実を把握できません。だから、突然、連絡もなしにやって来るのです。

指導先を訪れるトレーナーは、隠されたモノを見つけ出すために、ある方法をとることがあります。

トレーナーが工場見学をすることがわかっていると、指導先がお膳立てして、どのようにまわるかのルートが決められてしまいます。だから、そうした正規ルートから外れ、ちょっと横道に入ってみる。「こちらよりもあちらを見せてください」「2階があるんですね。2階を見学してもいいですか」と言ってみたりする。地下に物置があれば、その中を見て、隠されたものがないか目を光らせるのです。

モノを隠しやすい場所のひとつに「壁ぎわ」があります。ですから、片づけをしようと思ったとき、いちばんよいのは「壁ぎわを見る」ことです。**いらないものは、とりあえず壁ぎわに置いてしまう**からです。一方、真ん中のエリアなど、人がよく集まる場所はきちんと整理されています。

これはものづくりの現場であろうと、オフィスであろうと同じ。

いま、あなたがいる場所をぐるっと見まわしてください。壁ぎわには何が置かれているでしょうか。それは「いるもの」でしょうか、「いらないもの」でしょうか。

整理に取りかかる第一歩として、「まずは壁ぎわから見ていく」という方法は、とても有効なのです。

「陰」にどんどんモノがたまっていく

壁ぎわ以外にも、人がモノを隠してしまう場所があります。

それは、「陰」です。

たとえば、家庭であれば、階段の下の空きスペースなどです。こうした場所にはモノがたまりやすい。だから、ちょっとした工夫が必要になってくるのです。

その工夫とは、**「陰」の部分をできるだけなくす**こと。

たとえば、階段の下を収納スペースにしているのであれば、カーテンなどでそうしたスペースを隠さずに、常に見えるようにしておくのです。

カーテンなど仕切りがあると、カンタンに中を見ることができません。そのために陰の部分が生まれ、吹きだまりとなってしまいます。

人は、目につきにくいところにモノを隠します。だから、陰の部分が外から目につきやすいようにすれば、モノはたまりにくくなります。

人目につくようにすれば、モノはたまらない

オフィスでも、壁ぎわや目につかない「陰」のスペースに、モノが積まれていないでしょうか。デスクの足元や引き出しの奥なども、典型的な「陰」のスペースです。

もしパーテーションなどの仕切りで、一部のスペースが目につかないように隠されているのなら、外から見えるようにする。そうすると、モノがたまらなくなりますし、「見栄えが悪いから片づけよう」という気持ちになります。

ポイントは、隠さずに人目につくようにすること。

もしも「いるもの」か「いらないもの」か判断に迷い、扱いに困るものが出てきたら、みんなが見えるところにドンと置くといいでしょう。

つまり、みんなが邪魔になるところにあえて置く。すると、誰かがこれは邪魔だと言い出し、どのように処分するかが早く決まりやすいのです。

何かの陰になっている吹きだまりに置くと、それはいつまでも残り続けます。

「陰」になると、モノがたまりやすい

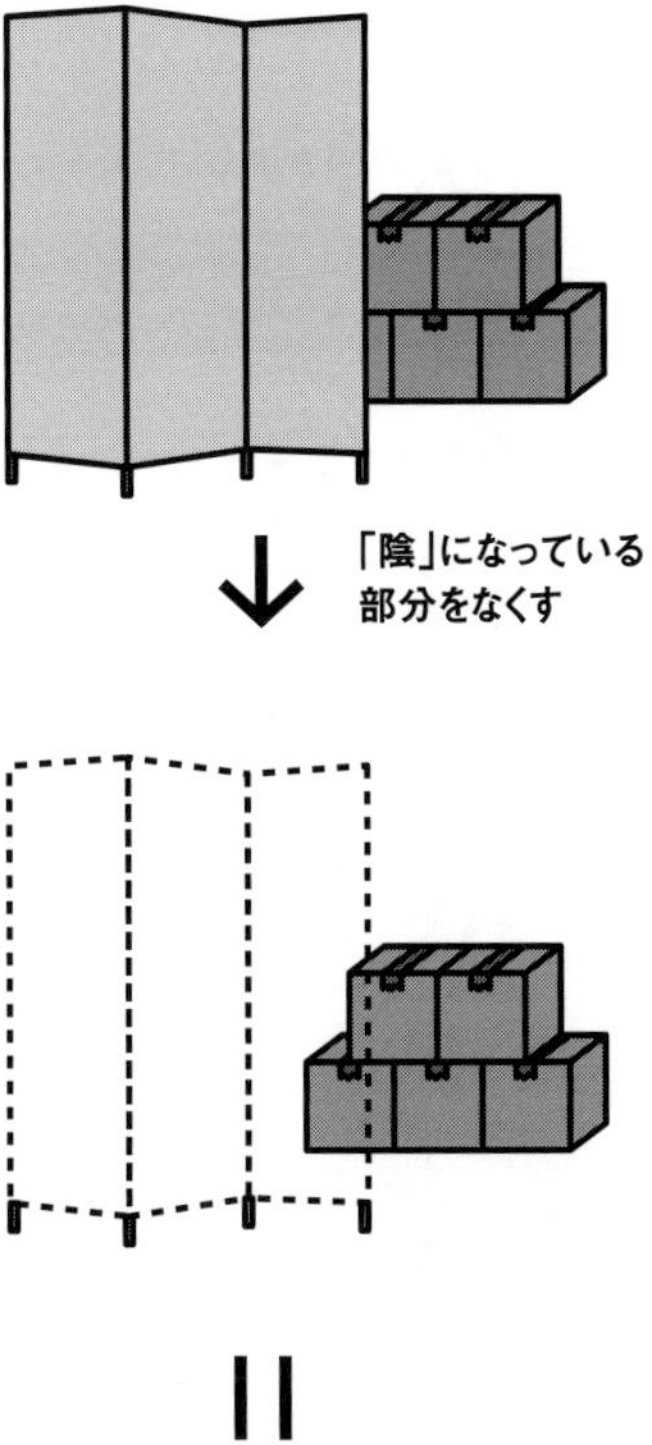

人目につくものは片づけやすい

CHAPTER 2

LECTURE 06

必要なものを必要なだけ持つ

>> POINT

この原則を守らないと、「いらないもの」が増え、整理できない状態が生まれる。これを防ぐには、仕事や作業の偏りを減らすことがポイントになる。

忙しいとき、ヒマなとき、人は余計なことをする

トヨタでは、**「必要なものを必要なだけ持つ」**ということが徹底されています。

工場のラインに入っている作業者であれば、自分の作業に必要な量だけの部品を手元に持つ。多すぎてもいけないし、少なすぎてもいけない。適量を持つということにこだわるのです。

しかし、作業者は人間です。人間であるからこそ、「必要なものを必要なだけ持つ」ことが守れないといったことが出てきます。**ついつい手元に必要以上に多くの部品を持ってしまう**のです。整理という観点から見れば、「いらないもの」をため込んでしまう結果となります。

なぜ、こういう事態が発生するのでしょうか。

現場では忙しくなったり、ヒマになったり、ということが起きます。

そうしたときに、「必要なものを必要なだけ」が守れず、余分なものを手元に持ってしまうことになりやすい。「いらないもの」を抱え、整理ができない状態が生まれ

やすいのです。

忙しいから、ついつい手元に多めに持っておきたがる

まず、忙しい状態のときに何が起こるかについて、具体的に見ていきましょう。

なぜ、忙しくなると「いらないもの」を抱えてしまいやすいのでしょうか。

忙しいときは、作業の流れに追いつこうとして一生懸命になります。そして、作業に遅れたくないという心理を抱きやすい。

すると、休憩時間の合間などに、部品を余分に手元に置き始めるのです。本来10個だけ持っていればいいところを、20個も30個も取り置くようになります。

「必要なものを必要なだけ」ということでは、10個だけ持っていればいい。それ以上は持ちすぎであり、「いらないもの」を抱えてしまうことになります。整理されない状況になるのです。

作業者もそのことは頭ではわかっています。しかし、忙しいなか、「作業に遅れた

くない」という不安心理が強まってくると、ついつい手が出てしまいます。そして、手元に部品をたくさん抱えておくとホッとするのです。

しかし、「必要なものを必要なだけ」が守れず、「余分なもの」＝「いらないもの」を抱えてしまうと、さまざまな問題が出てきます。

・必要以上に持っている部品だから、結局は使わない。
あとで元の場所に戻すことになり、かえって忙しさが増す。

・必要以上に持ってしまうから、ほかの作業者の分が足りなくなる。
その結果、部品を余分に仕入れることになり、お金のムダになる。

・必要以上に持ってしまうから、作業者の手元が乱雑になる。
モノであふれてくるから、作業のミスも発生しやすくなる。

作業者の不安心理から生じた「いらないもの」の持ちすぎが、さまざまな場面において問題を起こしていくのです。

ヒマだから、ついつい余計な作業をしてしまう

一方で、ヒマな状態のときでも問題は起きます。

同じく「いらないもの」が生まれやすく、整理されない状況が出てくるのです。これもまた、人間ならではの心理にもとづいています。

人はヒマになると、何かをしたがる。ラインの前から流れてくるものがなかったりすると、手持ちぶさたになるのです。

すると、わざわざ前に歩いていってとってきたり、ほかの仕事をやり始めたりします。本来の作業にはなかったことに手を出すようになるのです。

手持ちぶさたになり、余計なことに手を出し始めると、「品質が落ちる」「ケガをしやすくなる」といったことが起きます。

何よりも、必要のないものまでつくり、「いらないもの」の山ができてしまいます。

整理する以前に、「いらないもの」をたくさん生み出してしまうのです。

日々の仕事の偏りをなくすには、仕事全体の流れを見ていくことが大切になります。そのための参考となる事例があります。トレーナーの内田勝男が、あるものづくりの現場に赴いたときのことです。

ある工程では、仕掛品《しかかりひん》（製造途中の製品）が山のようにできていました。その工程の作業者は、作業に余裕があったため、翌日の作業分まで前倒しで進めていたのです。そして、翌日には手持ちぶさたとなり、3日後、4日後の作業にまで手をつけ始めていました。ヒマだから余計な作業をしてしまっていたのです。

その影響を受け、次の工程は大忙し。前工程のスピードに追いつくために必死で、夜遅くまで残業していました。ところが、それでも処理し切れないから、仕掛品が山積みになっている状態。

この連鎖が続き、すべての工程に仕掛品の山ができている状況でした。

トヨタでは、**「たとえヒマになっても、何もせずにジッとしておけ」**と言います。「本来の仕事にはない余計なことはするな」というのがルールなのです。

ヒマだからといって、それぞれの作業者が余計なことを始めたら、本当はどういう状態が正しいのかわからなくなってしまいます。だから、ヒマであることをひと目でわかるようにしておくのです。

忙しすぎたり、ヒマでありすぎたりすると、人は「作業に遅れたくない」「手持ちぶさただから何かやっていたい」といった気持ちを抱き、イレギュラーな行動を起こしやすくなります。その結果、「いらないもの」までため込んだり、つくったりしやすいのです。

だから、**整理を進めるためには、日々の仕事の偏りをなくし、繁忙の落差を少なくしていくこともカギとなってくる**のです。

そのための工夫のひとつとして、ＯＪＴソリューションズのオフィスでは、アシスタントスタッフが抱えている仕事の状況がひと目でわかるように掲示しています。

・お仕事どんどんお待ちしています
・お仕事対応できます
・多忙です

スタッフの仕事状況を掲示する

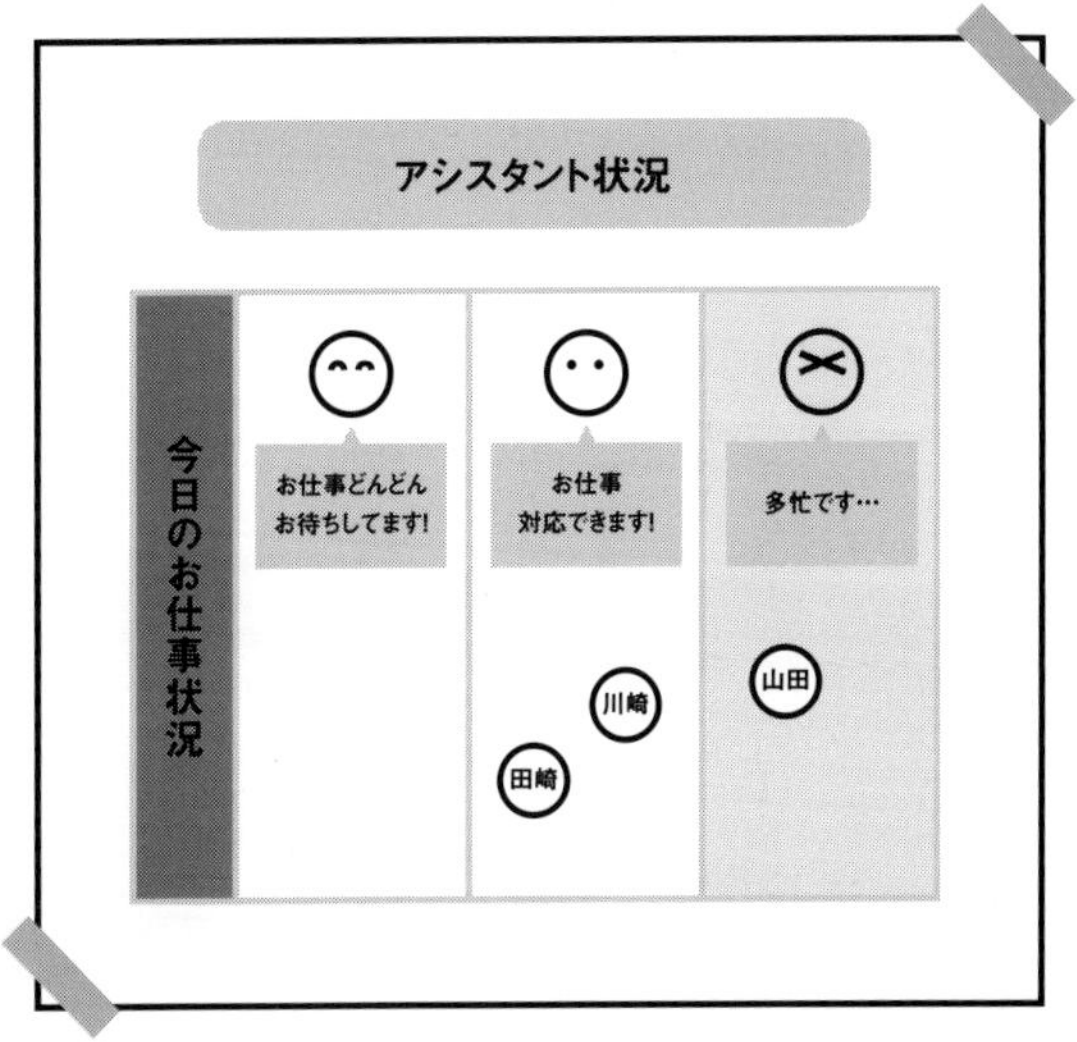

誰がどのくらい仕事を抱えているかわかれば、
仕事の偏りを防ぐことができる

このように忙しさを3段階に分け、各アシスタントが現在、どの状況にあるか、自己申告するようにしているのです。こうすれば、仕事をたくさん抱えている人に仕事が集中することはありませんし、反対に仕事がなくて、ヒマを持て余すことも少なくなります。

「1個流し」をすれば、損害も最小限で済む

仕事の偏りをなくすことは、不具合を早期に発見し、損害を最小化することにもつながります。トレーナーの内田はこのように語ります。

「トヨタには『1個流し』という言葉があります。1個流しは、大ロット生産と違って、小ロットで生産するので、問題を見つけやすいという利点があります。

工程を川の流れに見立ててみましょう。幅の大きな川（大ロット）より、細くて流れの速い川（1個流し）なら、よどみやモノの引っかかりがわかりやすい。だから、不良品があったときの損害も最小限にできます」

このことは「書類」の流れにもあてはまるでしょう。

たとえば、承認依頼書や依頼された書類の締切日が近づいてから、上司にまとめてドカンと提出するのは、いわゆる大ロット生産。

この場合、ミスや行き違いがあったときの発見が遅くなり、やり直しの損害（時間）が大きくなります。書類をチェックする上司は、それまで資料を待っているので、「手待ち」が生じることにもなります。

一方、「1個流し」（小ロット生産）で早めに書類を順次処理し、上司に提出していけば、こうした問題は防げますし、上司のところで書類がたまることもなくなります。

仕事全体が、川がさらさらと流れていくようにしていく。特定の工程・作業・人だけが忙しかったり、ヒマだったりしないように、平準化していく。すると、モノはたまりにくくなり、整理も進めやすくなるのです。

CHAPTER 2

LECTURE 07

先に入ってきたものから、先に出しなさい

>> POINT

モノを入れてばかりだと、どんどんたまっていく一方。「先入れ先出し」を心がければ、デスクの上が書類でいっぱいになることはない。

「先入れ先出し」で整理する

トヨタには「先入れ先出し」という言葉があります。

これは、同じものがあったとしたら、先に仕入れたほうを先に使うということ。時間の経過とともにモノは劣化し、使いものにならなくなります。だから、古いものから順番に使うようにするという考え方です。

整理を進めていくときにも、「先入れ先出し」がきちっとできるしくみになっているかどうかがポイントになります。たとえば、

①あるものを積み上げて保管している
②新しいものが来たら、その上に置く
③数日がたち、また新しいものが来たら、さらにその上に置く
④そのものを使うときは、いちばん上からとっていく

といった管理がされている場合、そこでは「先入れ先出し」のしくみがとられていません。その反対の「先入れ後出し」になっています。

「先入れ後出し」だと、古いものが下のほうにずっと残り続け、何年かたてばすっかり使えなくなります。

使えなくなったものは「いらないもの」です。それがどんどんたまり続けるしくみだと、整理を進めるときの障害になります。

モノを積むというのは、基本的にマズイ行動です。整理をするときは、これをどうやって避けるかが重要です。

オフィスであれば、コピー用紙の管理などがこれに該当するでしょう。

コピー用紙を積み上げて保管しておき、上からとって使うことを続けていれば、やがて下のほうに置かれた用紙は変色したり折れたりして使いものにならなくなります。

また、プロジェクト関連の資料をデスクの上に積み上げてしまうと、すでに必要でなくなった資料=「いらないもの」がたまっていき、デスクの上は資料であふれかえってしまいます。

書類も先入れ先出しで処理する

スペースの問題などで、どうしてもモノを積んで保管しなければならない場合は、ちょっとした工夫をする必要があります。たとえば、モノ（コピー用紙など）を3～5個ずつ積んで、AとBの2列にして保管するといったやり方です（105ページ図参照）。

①まずA列の上からとっていく
②A列を使い切ったら、B列の上からとっていく
③その間にA列を補充しておく
④B列を使い切ったら、再びA列の上からとっていく

これを繰り返すのです。このやり方であれば、100％とはいえないまでも、先入れ先出しを実現することができます。

先入れ先出しは、デスクまわりを整理するうえでも基本となる考え方です。

たとえば、書類や資料は、整理を意識せずにいると、日々デスクの上に積み重なっていきます。

すると、下のほうに埋もれてしまった書類や資料は、見返すことがありませんし、重要な案件が未処理になってしまう事態も発生します。

ですから、書類や資料についても、先入れ先出しを徹底する。

たとえば、デスク上に書類を受け取るためのトレーを1つ用意します。つまり、**書類の入口を1つに限定する**のです。

そして、1日に何度か、そのトレーにたまった書類を入ってきた順に処理します。いらない書類であれば、もちろん即刻処分。保存が必要な書類であれば、分類したファイルにとじれば、デスクの上からなくなります。

もしもすぐに取りかかれない書類の場合は、案件ごとにクリアフォルダなどに入れてトレーに戻しておく。未処理案件を集めておくトレーを別に用意してもいいでしょう。そうすれば、処理すべき書類を放置してしまうという事態は防げますし、むやみにモノがたまることもなくなります。

先入れ先出しの手順

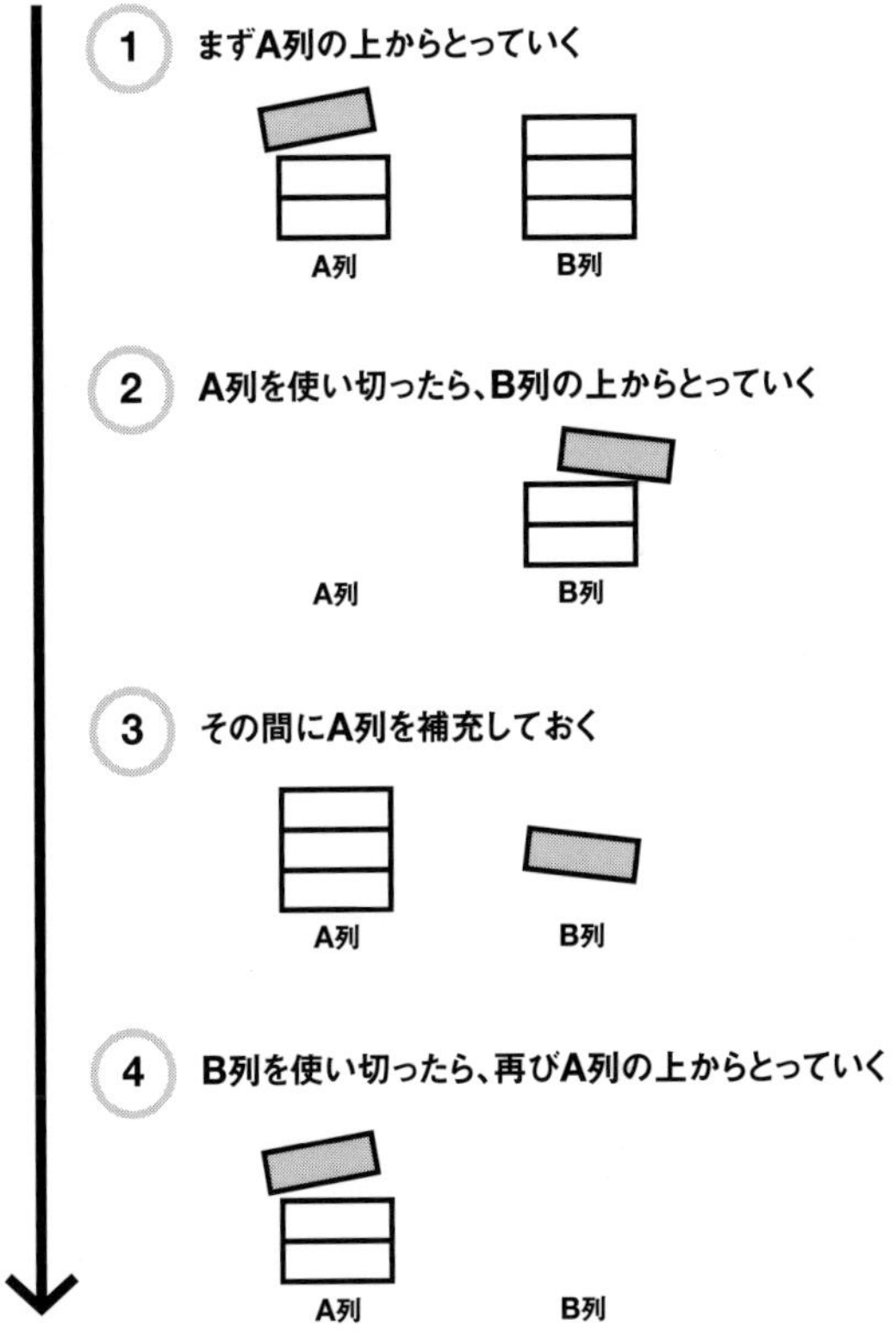
1
まずA列の上からとっていく
A列
B列
2
A列を使い切ったら、B列の上からとっていく
A列
B列
3
その間にA列を補充しておく
A列
B列
4
B列を使い切ったら、再びA列の上からとっていく
A列
B列

このとき、クリアフォルダに「○月×日までに処理」「○○さんの回答待ち」など期限を書いた付箋を貼っておけば、いつまでも放置されることもありません。

とにかく、先に入ってきた書類から、どんどん処理をしていくというルールをつくる。**退社するときには、デスク上の書類受け取り用トレーには何も入っていないという状態を維持できれば、書類が山積みになることはありません。**

なぜ、先入れ先出しにこだわるのかといえば、手持ちを減らすことにつながるからです。モノがあまりたまらないしくみをつくれば、「入れる」（先）と「出す」（後）の間隔を詰めていきやすい。

手持ちが少なければ少ないほど、モノの流れが速くなります。それだけモノが滞留せず、整理しやすい環境にもなるのです。

自分の身のまわりのものは、どこから入ってくるか。どのように管理されているか。どんな順番で出ていくか。その流れ方をつかみ、「先入れ先出し」を実現するしくみをつくれば、モノであふれかえる状況は改善され、自然と整理されていきます。

書類の先入れ先出し

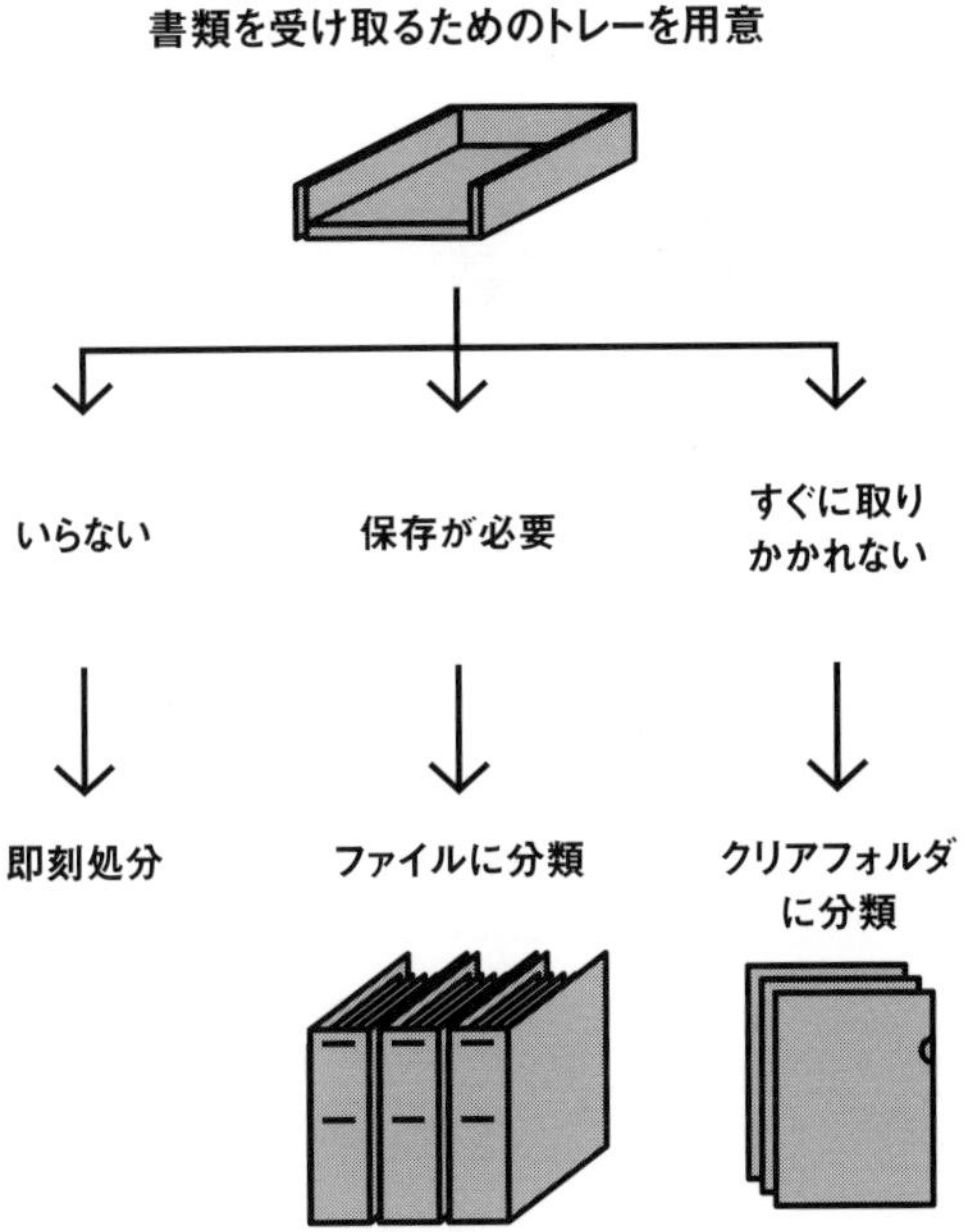

未処理案件のクリアフォルダには、
期限などを記した付箋を貼っておく

CHAPTER 2

LECTURE 08

「発注点」を定めなさい

>> POINT

トヨタには「いらないもの」をためないための「しくみ」がある。そのひとつが、モノが一定量になってから注文する「発注点」という考え方だ。

「いらないもの」をため込まない「しくみ」をつくる

整理とは、「いるもの」と「いらないもの」を分けるということです。そして「いるもの」だけを残し、「いらないもの」を捨てる。

この作業をより効率的に行っていくためには、そもそも「いらないもの」がたまらないようにすればいいのです。問題を根本から解決していくようなしくみを導入すれば、そもそも整理をする必要すらなくなります。少なくとも整理するにあたって、その負担が大幅に軽減されます。

トヨタには、そのためのさまざまなしくみがあります。

そのひとつが**「発注点をつくる」**こと。

コピー機のそばに、コピー用紙の梱包がいくつか置かれているとします。

たとえば、梱包を5段積みにしているとしましょう。そうしたときに、上から3段目のところにカードを差し込んでおく。

コピー用紙を使っていって、そのカードのところまで来たとき、新しいコピー用紙を発注するようにする。これが発注点の考え方です。

発注点を定めるためには、毎日どのくらいの量のコピー用紙を使っているかを把握する必要があります。あわせて、コピー用紙を発注してから納品されるまでどのくらいの時間がかかるかも調べます。

それらを踏まえ、コピー用紙の在庫がどのくらいの水準になったときに発注をかければ、「コピー用紙を切らさないで済むか」を検証します。これが「発注点」の考え方なのです。

必要な量より多く持つと、「いらないもの」が増える

発注点という基準がないと、どういうことが起こるでしょうか。

極端にいえば、コピー用紙を無制限に持っていいということになります。3カ月先、半年先、1年先に使う分までコピー用紙を取り寄せ、コピー機のそばに山積みにして置いておくことも可能になります。

ただし、必要以上にコピー用紙を取り寄せて保管すると、モノが増えてしまいます。長く使われないまま、傷んで使えなくなる可能性もあります。使えなくなってしまうとは、「いらないもの」になってしまうということです。

だから、日々の仕事に必要な量だけ切らさずに用意し、モノの回転を速くしていくしくみが求められます。そのしくみのひとつが「発注点」なのです。手持ちを少なくできるのであれば、できるだけ少なくします。必要な量だけをぎりぎりで持つために、「発注点」をもうけて管理するのです。

誰が見てもわかるように明示する

「発注点」をつくるときのポイントがいくつかあります。そのひとつが、**誰が見てもわかるように表示して運用する**こと。

いま、どのくらいの在庫を持っているのか。いつ発注をかけたらいいのか。それがひと目でわかるようにし、みんなで対応できるようにする。トヨタでは、これを「視《み》える化」と呼んでいます。

先ほどのコピー用紙の例だと、梱包の3段目のところにカードを差し込みます。これが、「視える化」のしかけです。これがあるから、

・コピー用紙がなくなりそうになったら、誰でもわかる
・コピー用紙を補充すべきときになったら、誰でもわかる

ようになっています。

それだけでなく、コピー用紙を補充すべき状況にあることに気づいた人は、カードを抜き取り、会社の管理部（発注の担当部署）に持っていくことができます。管理部ではそのカードを受け取り次第、コピー用紙の発注をかけられます。

このようなしくみをつくっておくと、人為的なミスにより、必要な量以上のコピー用紙を抱えてしまうことを回避できます。

コピー用紙にかぎらず、文房具、社用封筒、共有の水やお茶など、オフィスの中には、発注点をもうけると、ムダを削減できるものがたくさんあるはずです。特に共有

コピー用紙の「発注点」の例

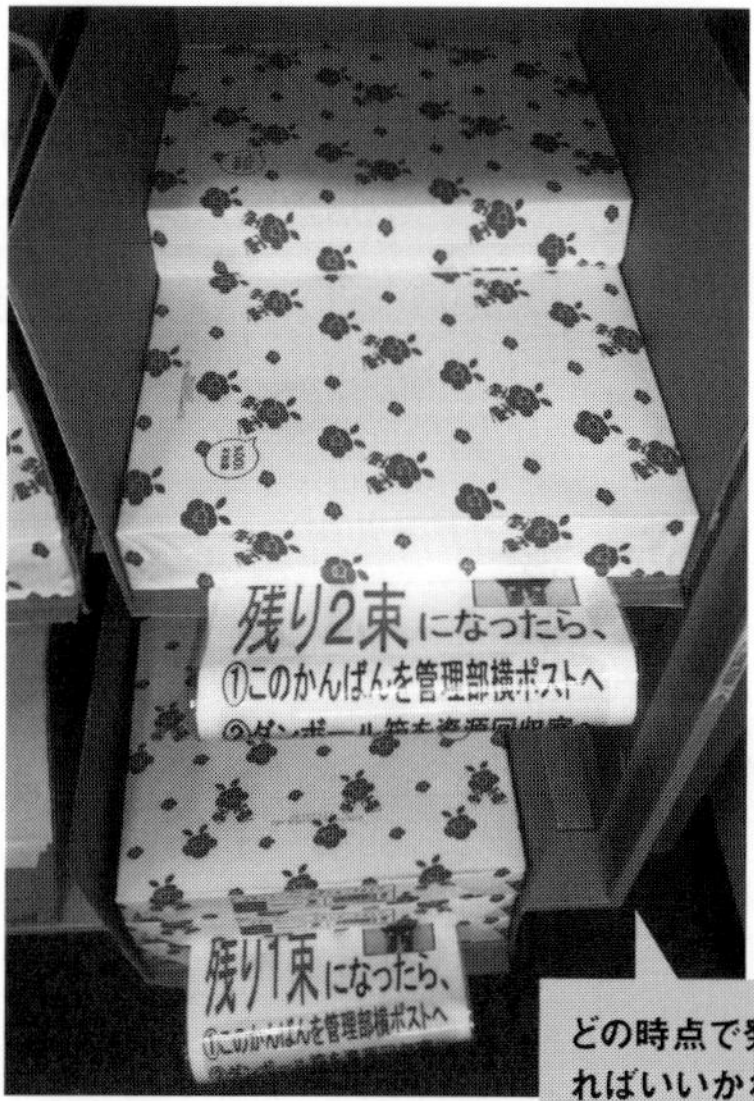

どの時点で発注すればいいかわかるように、カードを差し込んでおく

発注点がはっきりしていれば、誰にでも、いつ補充すればよいかがわかる

で使っているモノに対して、「発注点」は有効な考え方です。

文房具の「発注点」を考える

発注点は個人のデスクまわりにも、応用できる考え方です。

あなたの引き出しの中に収納されている文房具や事務用品を全部、デスクの上に出してみてください。

黒いサインペンが4本あったり、ノートが5冊もあったりと、同じものを複数、持っているという事実に気づくのではないでしょうか。

必要以上のモノを持つことはムダです。黒いサインペンであれば、スペアを含めて2本あれば十分ですし、部署で共有のサインペンがあれば、1本で済むケースもあるでしょう。ノートも1~2冊あれば困りません。

ですから、個人で「黒のサインペンは残り1本になったら購入する」「ノートは残り1冊になったら購入する」というように、自分の中で「発注点」のルールを決めておけば、余計なものを持たなくて済みます。

さらに、それらの収納場所や文房具そのものに付箋を貼ったり、カードを差し込んだりして「発注点」がひと目でわかるようにしておけば、常にルールを意識できます。

あなたが日々使っていて、身のまわりに置いているものをいま一度、よく見てください。

・「いつか使うから……」
・「たくさんあると安心だから……」
・「在庫を置くスペースがあるから……」

と考え、必要な量以上を抱えているものはないでしょうか。

こうしたものが見つかるたびに「発注点」をもうけ、誰が見てもわかるようにする。そうすることで、整理はどんどん進んでいきます。

CHAPTER 2

LECTURE 09

「使わないもの」「使えないもの」を明らかにする

>> POINT

トヨタでは「赤札活動」という整理法が日々、実行されている。「使わないもの」「使えないもの」を明らかにすることが目的である。

「いらないもの」がわかる「赤札活動」

オフィス全体をメンバー全員で整理するとき、一人ひとりの意見を聞いていたら、「これは必要」「あれは必要」と言い出して片づかないことがあります。

こうしたときはリーダーが決断するしかありません。トヨタの現場のリーダーたちは、いろいろと判断して「いらないもの」を捨ててきました。

そのための具体的方法が、**職場のリーダーが指揮し、メンバー全員で実行していく「赤札活動」**です。

「赤札活動」は、トヨタが職場の整理を行うなかで、実際によく使われる手法です。トレーナーたちが現場に行くと、いろいろなものが山積みになっていたとします。そんなときも、最初に「赤札活動」を行うのです。

現場のなかには、「使うもの」「使わないもの」「使えないもの」の3つがあります。それらがわかるように「赤札活動」ではまず分類します。

「使うもの」とは、すぐに必要になるもの。すなわち「いるもの」です。
「使わないもの」とは、いつかは使うかもしれないがとりあえず置いてあるもの。
「使えないもの」とは、たとえば壊れているもの。あるいは、仕事内容が変わってしまったために、もはや必要なくなったものです。クルマの生産現場であれば生産する車種が変更になったため、もはや使わなくなった部品などです。

赤札活動では、「使うもの」についてはそのままにしておきます。**「使わないもの」「使えないもの」に赤札を貼っていく**のです。赤札には、場所や品名、数量、赤札を貼った理由、処置部門、担当者、処置期限、処置方法などをメモしておくとよいでしょう（図参照）。

そして、赤札を貼ったものについてはすべて、品名、担当者名など赤札の内容を書き出して一覧表にします。

それらのなかから「これはいらない」というものをみんなで見つけて捨てます。もしも判断に迷うものがあれば、期限を切って移行期間をもうけてから処分してもいいでしょう。

赤札の例(オフィスの場合)

場所	5F　第2会議室　収納棚
品名	商品PRのビデオテープ
数量	段ボール2箱
使用頻度	1年間使用履歴なし
理由	1. 不要 2. 不良 3. 不明 4. その他(　　　　　　)
処置部門	マーケティング部
担当者(前任者)	西内さん
処置期限	1週間
処置方法	1. 捨てる 2. 返却 3. 元に戻す 4. 移動(　　　　　) 5. その他(　　　　　　)

担当者がわかる！

「赤札活動」をやると、何がいいのでしょうか。それは、現状が「視える化」されることにあります。

たとえば、**一つひとつのモノの担当者がわかります。**担当者がわかれば、整理はぐっと進めやすくなります。

職場の人事配置が変わったり、管理者が変わったりするなかで、誰が担当者かよくわからないものが出てきます。それらがよくわからないままに放置されているケースが少なくありません。

そうしたとき、みんなで見てみて「これは本当に必要なのか」と話し合って、どうするかを決めます。誰も使わないものであれば廃棄します。

担当者がいたとしても、引き継いだばかりでよくわかっていないケースもあります。そうしたときは前任者を呼び、確認してどうするかを決めます。

担当者がはっきりしているのであれば、その人に確認していけばいいのです。だからまずは、担当者名を含めた一覧表をつくり、整理することが大事なのです。

モノの存在に気づく！

「赤札活動」で見えてくるのは、モノの担当者だけではありません。**モノの存在そのものに気づくきっかけにもなります。**

「いらないもの」は隠されていることが少なくありません。隠されているから、普段はその存在に気づいていない。

そこで、「赤札活動」をやって、「使わないもの」「使えないもの」をみんなの目の届くところにドーンと置き、言葉は悪いですが、〝見せしめ〟のような状態をつくります。すると、「自分たちはこんなにいらないものを持っていたんだ」という気づきが、みんなのなかで生まれます。そのあとには、「これは何とかしなければいけない」という〝うずき〟が生まれます。

トヨタで41年間のキャリアを持つトレーナーの山口悦次が、指導に入ったある製造業の会社の倉庫には、いらなくなったものが積まれて山となっていました。

「整理・整頓を成功させるには、職場のスペースを確保するのが最優先事項。整理・整頓された棚や置き場からモノを出すのはカンタンですが、外からどさっと入ってきた部品などを整理するのはたいへん。だから、まずは入ってきたものを置いて整理するためのスペースをつくる。これが第一です。

スーパーでたくさん買い物をしてきても、冷蔵庫の前にごちゃごちゃとモノが置いてあったら、整理して冷蔵庫に入れるのもたいへんですよね。それと一緒です」

そこで、まずは倉庫のスペースを確保するために、赤札活動で1年以上使っていなかった部品を外に出し、一時保管することにしました。

「本当はいらない部品ばかりだから捨てるのが原則ですが、なかには他人から見たらほしがるような高価で巨大な部品もあった。だから、倉庫の屋外に仮置きすることにしました。『必要な人はとりに来てください』と。要は、移行期間をもうけたのです。

案の定、誰もとりに来ませんでしたが、こんなにいらないものが倉庫に眠っていたのか、とあらためて気づきを与えるには、十分なインパクトだったと思います」

現状を視える化することで、「気づいて」「うずいて」「行動する」。それを職場のなかに定着させ、そのサイクルをまわしていくためのしくみのひとつとして、トヨタでは「赤札活動」が実施されているのです。

書類やファイルも「赤札活動」で処分

赤札活動は、職場全体の整理をするときに、特に効果を発揮する方法ですが、個人のデスクまわりを整理する方法としても応用できます。

たとえば、**プロジェクトが終わったら不要になる書類やファイルがあれば、赤色の付箋を貼っておく**のです。あるいは、処分すべきかどうか迷っているものがあれば、それらに付箋を貼っておいてもよいでしょう。

「○月×日に処分」「○月×日までに使わなければ処分」などと書いておけば、迷わずに処分することができます。大切なのは、ここでも「視える化」すること。赤色の付箋であれば、いやでも目につきます。

捨てるものが一目瞭然になっていれば、整理はサクサクと進んでいきます。

CHAPTER 2

LECTURE 10

1年間使わなかった名刺は即刻処分

>> POINT

名刺やメール、本などのようにオフィスには処分しにくいものがある。しかし、これらも判断基準をもうければ捨てられる。

片づけに聖域はない

オフィスには、捨てにくいものがあります。

その代表格が、名刺ではないでしょうか。

「名刺を捨てるのには抵抗がある」と言う人もいるかもしれません。

若い人の中には、名刺がたまってくると「こんなに人脈が増えた」とうれしくなる人もいるようです。しかし、それは単なる〝名刺コレクター〟にすぎません。

トレーナーの土屋仁志は、**「1年間使わなかった名刺は処分してしまう」**と言います。

「ちょっとドライな考え方かもしれませんが、1年も付き合いがないと、その後の接点は、ほぼないと思っていいでしょう。経験則でいえば、それが現実。

仮に名刺を捨てたあとに、連絡する必要が生じたときでも、先方の連絡先は社内の誰かが知っている可能性が高いですし、会社の代表番号を調べれば、何とか連絡はつくはずです」

名刺は捨てづらいと思う方もいるかもしれませんが、**片づけに聖域はありません。**使わない名刺フォルダを保管していても、生産性は上がらないのです。

もちろん、名刺を保管しておく期間は、職種や会社によってそれぞれでしょうが、「1年間、連絡をとらなかった人の名刺は処分する」などの独自のルールを決めておけば、使わない名刺がたまっていくことはありません。

いらなくなったメールはすぐに削除

デスクまわりの片づけができていない人は、メールの整理もできていない可能性が高いでしょう。メールを整理せずに、そのまま受信ボックスにたまったままになっていると、返信モレや確認モレで、思わぬトラブルを招く恐れもあります。

当然「あのメール、どこ行ったっけ?」と探す手間も増えます。

メールもモノの整理と一緒で、必要のないものは捨てる必要があります。トヨタ時代に数百人の部下を抱えていたトレーナーの中島輝雄はこう語ります。

「出勤すると毎日メールが100件弱届いていました。読んだり、返信したりしたものはすべて削除。どうしても覚えておかないといけない内容は、手帳にメモをしておけば十分です。

すべてその場でメールを処理してしまうので、受信ボックスの中は常にメールがゼロ件の状態でした」

もちろん、トヨタの従業員が全員、メールをすべて削除しているわけではありません。また、やり取りの証拠を残すなど、保存が必要なメールもあるでしょう。

ここで重要なのは、メールのすべてを削除することではなく、**不要なメールは、処分すること。そして、処分する判断基準を持つこと。**

「メルマガはすべて処分する」
「アドレス帳に記録してある人のメールは削除する」

「1年を過ぎたメールは削除する」

このようなルールを決めておけば、ためらうことなく捨てることができます。

少なくとも不要なメールと必要なメールが混在していたり、メール削除のルールが決まっていない人は、いますぐメールの整理に取り組むことが大切です。

本は処分する期限を決める

本を大切に保管している人も多いと思います。「いつか読み返すかもしれない」と。

また、社内で仕事の資料となる本を共同の本棚に並べているオフィスもあるでしょう。

本はもともと捨てにくい性質を持っているわりには、毎日、使うものではないので、ルールを決めて整理していくことが大切になります。

めったに開かないような本をデスクの上に積んでおくのは言語道断。頻繁に読む本でなければ、引き出しや本棚など所定の場所で保管します。

本棚で管理している場合でも、いずれ本棚からあふれ出し、乱暴に棚の中に押し込まれることになります。ですから、ルールにもとづいて処分しなければなりません。

実際に購入した本を読み返す可能性は、どれくらいあるでしょうか。古典や愛読書などは別として、仕事の参考のために買ったビジネス書などは、ほとんど読み返すことはないのではないでしょうか。

ましてや何年も前の本であれば、すでに情報が古くなっています。もはや、いまの時代に求められる情報は違うものになっています。「いつか必要になる」という言い訳は、ここでも通用しません。だから、

「1年たったら捨てる」
「半年たったら古本屋で処分する」

など期限を切るのもひとつの方法です。

事情があってどうしてもすぐに処分できない場合は、一時、段ボール箱に詰めて保管してもいいですが、その際も、必ず「いつまでに処分する」という期限をもうける

ことが絶対条件です。

また、資料となる本などを個人単位で購入している職場では、同じ本が社内に2冊も3冊もあるというケースも生じます。これこそムダでしかありません。

こうした事態を防ぐには、共有の本棚を用意し、会社の経費で購入した本はすべてそこで管理する必要があります。

CHAPTER

3

仕事を効率化させるトヨタの「整頓術」

CHAPTER 3

LECTURE 01

モノの置き場は、「人の動き」で決める

>> POINT

トヨタでは、お金を生まない作業は、できるだけゼロになるように徹底されている。そのために考えなければいけないのがモノの置き場である。

その作業は付加価値を高めているか？

整理をしたら「いるもの」だけが手元に残ります。このあとに取りかかる作業が、整頓です。整頓の定義を覚えているでしょうか。

整頓とは、「必要なもの」を「必要なとき」に「必要なだけ」取り出せるようにすること。

「いるもの」をどのように手元に置いていったらよいのでしょうか。そのときに考えるべきことはさまざまありますが、そのひとつが、**「付随作業がゼロになるように置き場を決める」**ということ。トヨタでは、この考え方が徹底されています。

トヨタの現場では、人の動きを4つに分類してムダを見つけます。それが、「主作業」「付随作業」「準備・後始末作業」「ムダ・例外作業」の4つです。

では、「付随作業」とは何でしょうか。

テーブルの上に置いてあるお茶を飲むとします。

その一連の動作のなかで、湯のみを口にあて、実際にお茶を飲んでいるところが

「主作業」です。付加価値を高める作業と言い換えてもいいでしょう。

その一方で、テーブルの上に置いてあるお茶を手元に持ってくる、湯のみを口元に持ってくる、などの動作は、付加価値はないけれどやらなければいけない「付随作業」になります。

「お茶を飲む」とひと口にいっても、その動きを実際に見ていくと、「本当にお茶を飲んでいる」のはそのうちの一部分でしかありません。

オフィスの例に置き換えれば、報告書をパソコンで作成するときに、実際にパソコンに文章を打ち込んでいる部分は主作業ですが、報告書作成に必要な資料を取り出したり、プリントアウトしたりするのは付随作業です。

「付随作業」をできるだけ少なくし、「主作業」の割合を増やしていくようにする。すると、日々の仕事はより効率的で、快適なものになっていきます。

「動いている」ことで満足していないか

トヨタから出向し、現在はOJTソリューションズの前専務取締役の海稲良光が、ある自動車部品メーカーの工場内に初めて入ったときのことです。

現場の管理監督者（リーダー）に案内してもらったところ、倉庫は在庫で山のようになっており、通路も狭く曲がりくねっていました。そうしたなかを、鮮やかなハンドリングで小気味よくフォークリフトを運転する作業者がいました。

案内をしてくれた現場のリーダーは、その作業者を指差しながら、海稲に対して自慢げにこう言いました。

「彼は運転うまいでしょ。コーナーに来ても、スピードを落とさず、すっと曲がれるんです」

海稲はその言葉を聞いて驚きました。フォークリフトの運転がうまいのは、すばらしいことかもしれません。しかし、その作業の中身はというと、ただモノを右から左に動かしているだけ。

その作業自体は、付加価値を生んでいないのです。その作業に対して、お客さまがお金を払ってくれているわけではありません。

だから、フォークリフトの運転に習熟するよりも、フォークリフトでモノを動かさなくてもいいようにすることが最優先。**付随作業がゼロになるよう整頓することに、すぐに着手すべき状況なのです。**

人は、動いていれば「仕事をしている」という感覚にとらわれやすい。

しかし、その感覚にとらわれてしまってはダメです。ちょっと立ち止まってみて、「この動きはムダではないか」「この動きは付加価値を生んでいるだろうか」と問い直してみる。そのように考えていくと、

・よく使うものが離れたところに置いてあるので、とってくる時間がかかる
・一緒に使うものが別々のところに置いてあるので、手間がかかる

といったことは、付随作業であって、主作業ではないことがわかります。

作業者の動きに注目し、それが付加価値を生んでいるかどうか、と考えていけば、「モノはどこに置いたらいいか」という整頓の発想が自然に出てくるのです。

「モノを探している時間」はお金を生まない

付随作業を減らすこと以上に、「ムダ・例外作業」を減らすことが大事です。

前述した「パソコンで報告書を作成する」という場合であれば、資料やデータが見つからず、あちこちを探すことが、ムダ・例外作業にあたります。主作業に対してまったく何の意味も持たず、文字通りのムダでしかない動きです。

トヨタの人間は、「探す」ということをすごく嫌います。必要なものが必要なときに一発で取り出せる。それが整頓という考え方で、モノを探すという行為はそこからかけ離れています。

オフィスでも、探すという作業を結構やっているのではないでしょうか。書類、文房具、データ……。無造作に置かれていて、それを使おうとするときに探すという作業が発生しています。

モノの置き場は、人の動きをもとに決める。それが、トヨタでの整頓の考え方です。

CHAPTER 3

LECTURE 02

ワキが空かないようにモノを置く

>> POINT

トヨタでは、効率的に作業をするために、必要なものを手の届く範囲に置く。だから、モノをとるときにワキが空くことですら、ムダな動きととらえる。

よく使うものは手の届く場所に置く

トヨタのものづくりの現場では、「階層別教育」と呼ばれるリーダー教育が行われています。

そのプログラムのなかには、整頓に関わるものもあり、「動作経済」と呼ばれる項目も学びます。

これは、生産性を高めるための人の動きを研究したものであり、反復作業の多い仕事などに生かされている考え方です。ものづくりの現場であったり、ルーティン作業の多いオフィスなどで有効です。

たとえば、工場の作業者の場合を考えてみましょう。

作業に必要な部品・工具があったとしたら、手の届く範囲に置く。人間にとって、いちばん負担をかけずに効率よく体を動かせるのは、この手の届く範囲なのです。

さらに、**よく使うものであれば、体のワキが空かずに手にとれるところ**

に置く。すると、さらに作業者への負担が軽くなる。トヨタはここまで考えて、「何をどこに置くか」という整頓を実行しているのです。

目　モノをとるときに、体に負担をかけてないか？

動作経済から人の動きを見ていくと、「必要なものをどこに置くか」という整頓についてのさまざまな視点が生まれます。

たとえば、蹲踞《そんきょ》（しゃがむこと）という姿勢があります。これは動作経済から見て、たいへんよくない姿勢です。

そこで、トヨタでは「そういう姿勢でやる作業をなくせ」とよく言われます。モノが下に置いてあるから、それをとろうとして蹲踞の姿勢をとってしまうわけです。だから、「作業者の足元にモノを置かない」ようにするのです。

日々の作業のなかに、蹲踞の姿勢がたくさんあると、作業者の体に負担がかかってしまいます。向こうずねの骨に負担がかかり、疲労骨折する恐れもあるのです。

そうなる前に、日々の動きを見直し、体に負担をかける作業がなくなるよう、整頓

ムダな動きをしないような配置を心がける

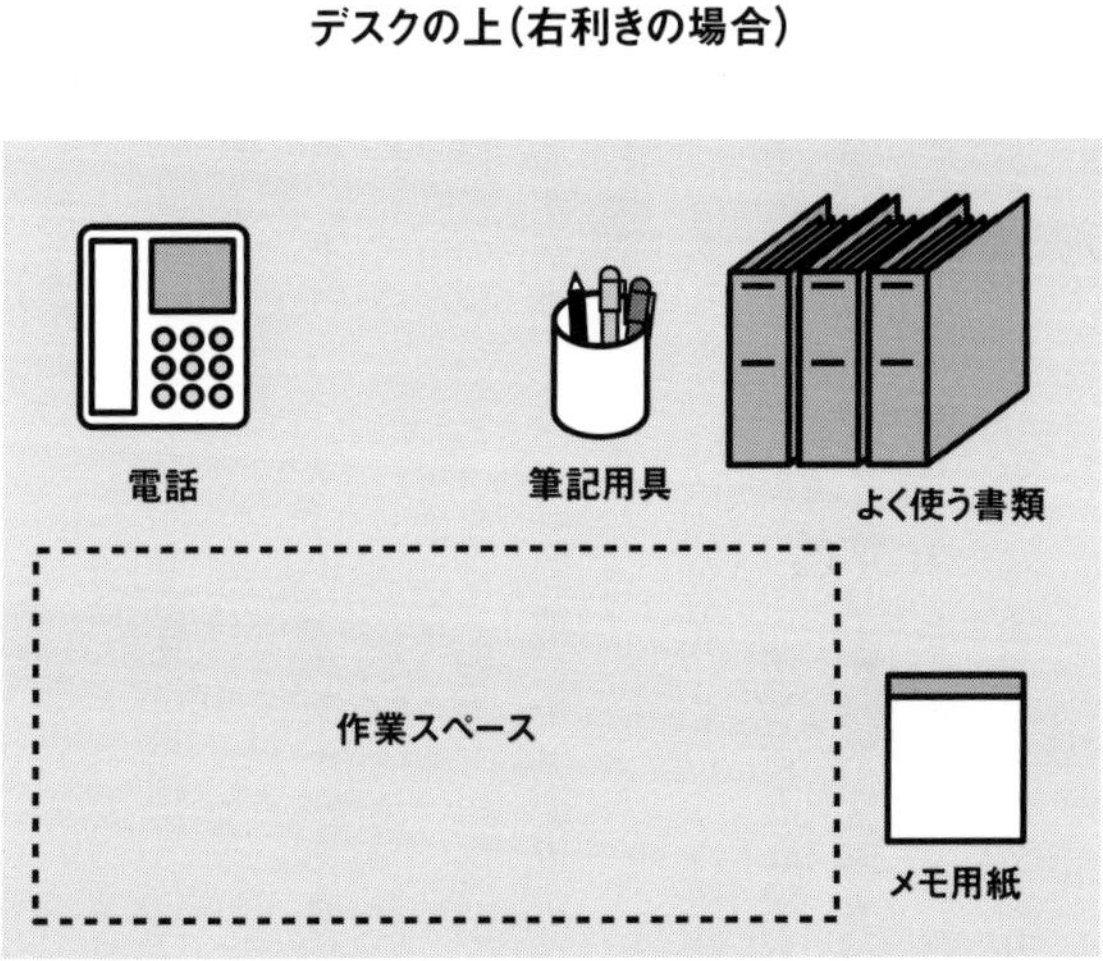

使用頻度や利き手などを考慮してモノを配置すれば、ムダな動きが少ない

をするのです。

このほかに、「振り向く」という動きも体に負担をかけます。「腰を曲げる」という動きも疲労を生みます。

トヨタのなかでは、それらは「カイゼンのネタがある動き」と呼ばれ、モノの置き場所を変えていきます。

このような動作経済の視点からいえば、棚などに部品や備品を置くときも、ヒザから目の範囲に置くのが基本です。この範囲にモノが置かれていれば、無理なく、疲れず、すばやく取り出せます。

この範囲外に置いてあるモノは、何が置いてあるか確認しづらく、取り出す際に時間がかかります。また、取り出すときに、落下する危険もあるのです。

これはオフィスでも同様で、**よく使う書類や文房具は、手の届く範囲に置いておく。**わざわざ立ち上がったり、体ごと移動しなければいけない場所に置いてあったら、体に負担がかかるばかりか、作業効率が悪くなります。

人に合わせてオフィスのレイアウトも決める

人の動きに合わせてモノの置き場所を決める――。この考え方を発展させていくと、**人の動きに合わせてオフィスのレイアウトも決めていく**ことになります。

オフィスのレイアウトは、そこで働く人たちの動きをよく考えてつくられているでしょうか。最初に、デスク、コピー機、プリンターなどのモノの位置が決められ、それに合わせて人が動いていないでしょうか。

海稲は、こう話します。

「ある半導体工場の工場長から、『これまではレイアウトを設備中心でしか考えていませんでした』と言われたことがあります。人に負担がかからず、人にやさしい環境をつくる。それが『合理的』ということであり、仕事をよりよくしていくのです」

モノの置き場を決めていくときには、必ず人の動きを考慮に入れる。それがトヨタでの整頓の基本的な考え方です。

CHAPTER 3

LECTURE 03

「使う頻度」で置き場を決める

>> POINT

「必要なもの」を分類する基準のひとつが、それを使用する頻度。よく使うものほど近くに置くのがトヨタの基本的な考え方である。

毎日使うか、1週間おきに使うかで、置き場所を変える

必要なものを必要なときに、すぐに取り出せるようにするのが整頓です。

とはいえ、「必要なもの」がたくさんある場合、それらすべてを身のまわりに置いておくことはできません。自分の身のまわりのスペースには限りがあります。

そこで、「必要なもの」を、ある基準にしたがって分類して、それぞれの置き場を考えます。その基準とは「頻度」です。

①毎日使うのか
②2～3日おきに使うのか
③1週間おきに使うのか

これらをまとめ、その頻度順にモノを手元の近い場所に置いていくのです。

これは、家庭のキッチンでも同じです。

包丁など普段使うものは、すぐ手にとれる場所にありますよね。一方で、あまり使わないものは、棚の上のほうに置いているはずです。

それから「よく使う」「あまり使わない」も季節によって変わってくるはず。土鍋などは秋冬の寒い時期しか使いません。そうしたものは、夏の間は棚の奥のほうに収め、秋冬になると手前の棚に収納しているはずです。

頻度順にモノを置いていくとは、そういう感覚です。

それは仕事でも同じ。

①よく使うものは、デスクの引き出しや近くの棚に置く
②1週間に1度、1カ月に1度であれば、少し離れた棚に置く
③半年に1度、1年に1度であれば、別室の資料室や倉庫に置く

ということです。

「頻度」に応じてモノを置く

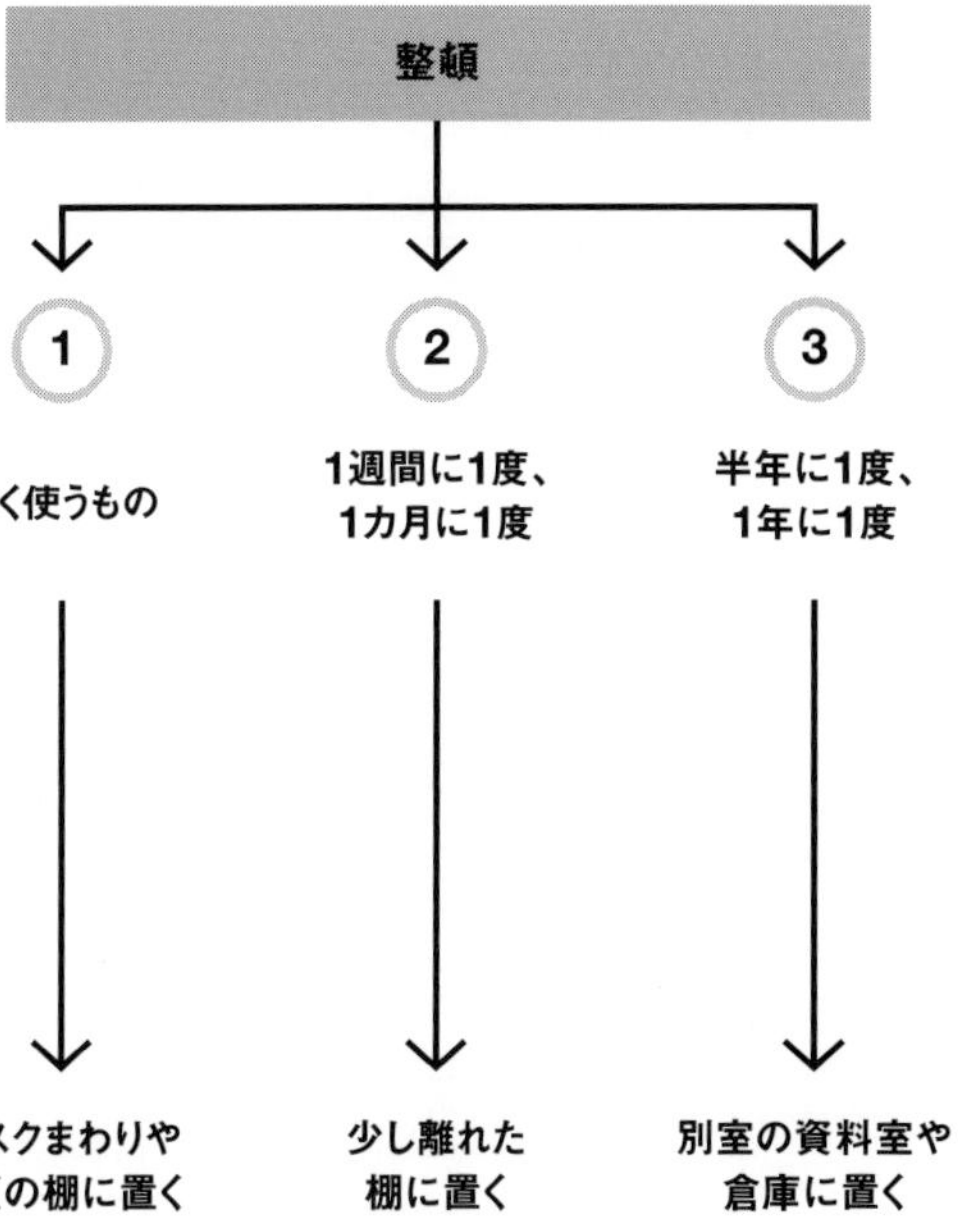

「よく使う順」にモノを配置すれば
仕事の効率も上がる

書類を年度別・月別に新しいものから並べる

よく使う順、頻度順にモノを置いていくというやり方は、書類の管理方法にも応用できます。

あるトレーナーが、指導先の建設会社の現場に行ったときのこと。その現場では一定期間、保管しておかなければならない書類が、山積みになっている状況でした。

そこでまず「いるもの」と「いらないもの」に分けるという整理を行いました。その次は、「必要なものを必要なときに取り出せるようにする」という整頓。ここでトレーナーは、ある保管ルールを提案しました。

書類を年度別・月別のボックスに入れ、右から左に流すという固定した保管ルールを定めたのです（図参照）。

現在が2015年12月であれば、

よく使う新しい書類を手前に置く

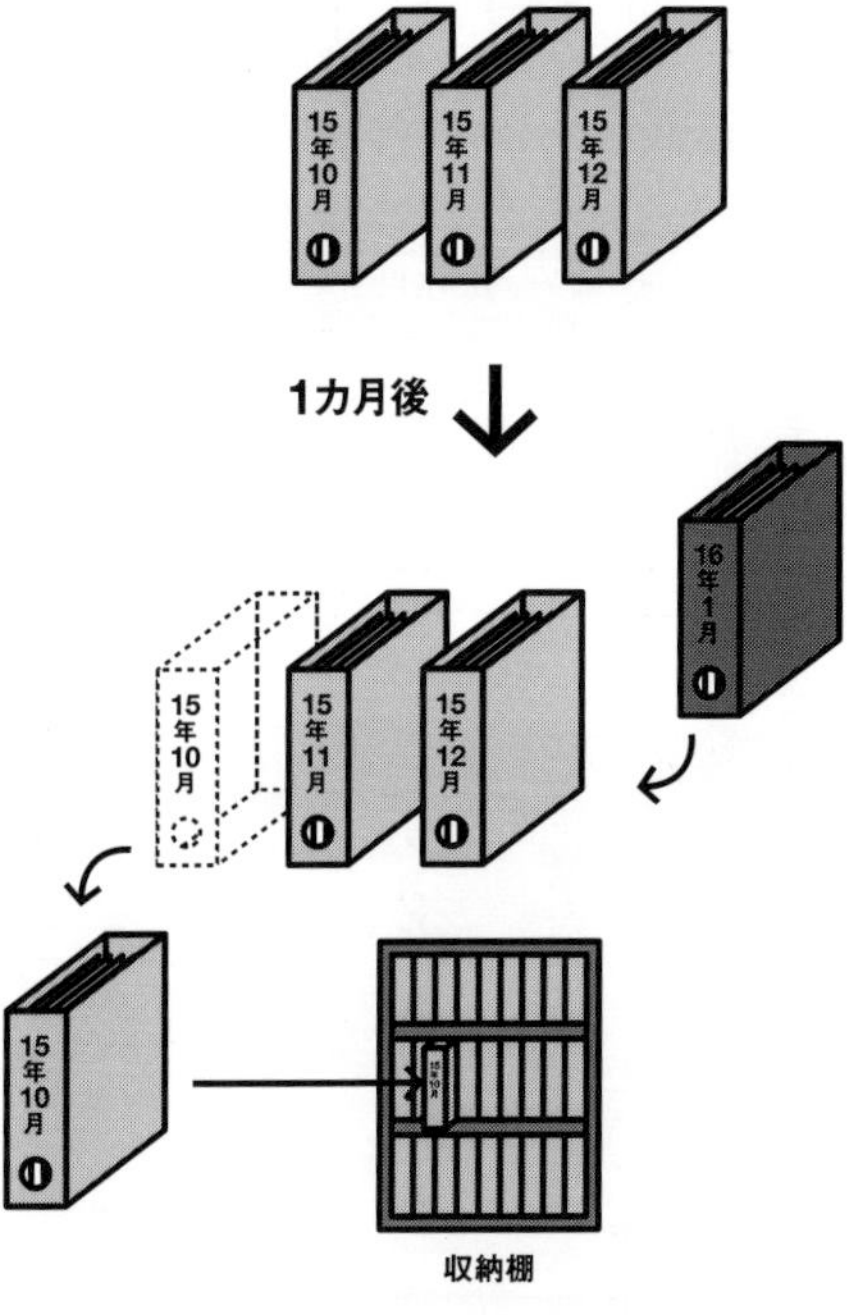

左へ押し出された書類は、
引き出しや収納棚へ移動

①15年12月のボックス
②15年11月のボックス
③15年10月のボックス

というように順に並べていきます。

翌月になれば、2016年1月の新しいボックスを手前につくり、それまでのボックスは1つずつ奥へずれていきます。

参照することが多い直近の書類については常に手前に置き、古いものはそれとともに押し出されていきます。つまり、よく使う順に置いて管理していくのです。

そして、3年間という保管期限が過ぎたら、自動的に古いボックスの置き場はなくなり、廃棄されるようにしました。保管期限を過ぎ、「いらないもの」になった時点で、自動廃棄です。

指導したトレーナーは、次のように話します。

「それまでこの会社では、書類の保管ルールもなく、ぼんぼん上に重ねていただけ。

倉庫に置きたくてもすでにいっぱいになっていたので、しかたなく作業者のデスクのまわりに置いておくというありさまでした。

それを、とにかく新しいもの順に右から左へ流すことによって、仕事がずいぶんと効率化されました」

よく使うものは近くに置き、あまり使わないものは遠くに置く。シンプルなことですが、整頓をする際には決して外すことのできない考え方です。

CHAPTER 3

LECTURE 04

「使う頻度」が低いものはシェアする

>> POINT

週に1回、月に1回程度しか使わないものは、個人所有ではなく、職場で共同管理したほうが、ムダなスペースをとらずに、コストも安く抑えられる。

カッターナイフが100本以上！

トヨタの工場で塗装を35年間担当してきた藤原健二は、トヨタ時代にこんな体験をしています。

カッターナイフを登録制にしようと、個人が持っているカッターナイフを全部出してもらったところ、塗装課全体で百数十本も出てきたというのです。多くの従業員が、複数のカッターナイフを所持し、なかには、1人で5本持っている人もいました。

「ずらっと並んだカッターナイフを見たとき、『こんなにあるとは！』と驚いたのをいまでも覚えています。従業員は、〝マイ工具〟を持ちたがるもの。だから、個人でいくつも所持してしまいます。しかし、個人で所有すると、『視える化』されません。

頻繁に使う工具であれば、1人1つずつ持っていてもいいですが、ときどき使う程度の工具は、共同スペースで保管し、使う人がその都度そこから借りていくようにするのが合理的です。そうすれば、余計な工具を買う必要はありません」

オフィスでも、個人単位で文房具を所有している場合、1人で2つ以上、同じ文房具を持っているというケースがあります。

ハサミやホチキス、2穴パンチなど頻繁に使わない文房具や、ICレコーダー、デジタルカメラ、LANケーブルなどの備品は、オフィスの共同スペースでシェアするしくみをつくったほうが、余計なものを買うムダや紛失するムダを防げます。

「毎日使うものは個人管理」
「3日に1度しか使わないものはシェアする」

といったように、オフィスごとに基準を決めて、管理方法を分けるとよいでしょう。

共有の置き場は1カ所にまとめる

職場でシェアする文房具や備品などは、1カ所にまとめるのが原則です。

共有の置き場が3カ所も5カ所もあって、文房具や備品がたくさんありすぎると、探すのにかえって時間がかかります。いざそれを使おうと思っても意外と出てきませんが、1カ所だけだとすぐに見つかるものです。

機械部出身の岩月恒久は、トヨタ時代にこんな経験をしています。

「『寸法を測るメジャーを持ってきてほしい』と部下に言ったところ、なかなか出てこない。本当は、現場にいくつもあるはずなのに、定位置が決まっていないから、結局、探し出すまでに10分くらいかかりました。

共有の備品がたくさんあると、返却の意識が薄くなり、元の場所に戻らなくなったり、紛失したりします。『ここにも置き場所があるといいね』という具合に、置き場所を増やしがちですが、共有物を置く場所は、絞り込まなければいけません」

もちろん、置き場所が遠すぎてムダな時間が発生するのも問題ですが、置く場所をできるかぎり絞り込めば、使ったあとに必ず元に戻しますし、大事に使います。そうすれば、探す時間や紛失も減るはずです。

CHAPTER 3

LECTURE 05

線を1本、引きなさい

>> POINT

トヨタでは、モノの定位置を決めるために、区画線を引く。オフィスでも区画線を引けば、モノが散乱するのを防げる。

まずは仮でいいので「定位置」を決めておく

トヨタのプレス部門で、長年働いてきた山本義明いわく、プレス工程は、「ケガが発生しやすく、安全性が求められる職場」。

それだけに、整理・整頓を進めていくことは、欠かせない作業のひとつであり、トヨタ在籍時代、山本は積極的に取り組んできました。

OJTソリューションズに移り、顧客の職場を指導するようになっても、まず、整理・整頓が大事だと強調しています。

「いろんな現場に入って、『整理・整頓をやりましょう』と言いますが、現場の従業員が、まず何からやったらいいかわからない、ということがあります。

そうしたときに、私たちがきっかけをつくってあげる。たとえば、現場に区画線を1本、引いてみるといったことをします」

区画線とは、モノの置き場を定め、それを誰が見てもわかるように表示した線のこと。整頓を根づかせるときのカンタンな手法のひとつです。

たとえば、現場に台車があるのであれば、それを使用しないときに置いておくべき場所を定め、線で囲む。区画線はチョークで描いてもいいし、テープを貼って示してもいい。

目で見てわかりやすくしたいのであれば、区画線の内側部分を色で塗りつぶしてもいいでしょう。

こうした区画線がピシッと引かれていれば、モノが区画線からはみ出していると気になるはずです。「はみ出ているから、区画線の中に戻しておこう」という気持ちになります。

また、荷物がうずたかく積まれているような職場であれば、壁に横線を書き入れて、「モノを置くのはこの高さまでにしましょう」と決める。そうすれば、これ以上、高く積まれることはありません。

カンタンなものでもいいから、こうした区画線を引いておく。まずは、モデルをつくることにより、気づきやすくなるだけでなく、行動に移しやすくなります。

仮の基準をつくったら、そこから標準をつくっていく

まずは線を1本引いてみるということが大切。

線を引いてみることから始め、現状をよく見たうえで、修正をかけていけばいいのです。

基準がないまま動いている職場は、たくさんあります。

だから、仮の基準を決めることから始めるのです。

仮の基準をつくれば、それをもとにして正常・異常がわかる状態になります。

たとえば、区画線の中がモノであふれかえってしまうようであれば、そのモノに対してはもっと広いスペースをとったほうが適切かもしれません。

また、区画線内にはAを置くと決めているのに、Bが間違って置かれることがしばしば起こるようであれば、Bの置き場と定めたほうが作業者にとっては自然なのかもしれません。

仮の基準のもと、現実の動きを見ながら修正をかけていくことで、職場の標準が徐々に決まっていきます。何も基準のない状態がいちばんよくありません。まずは、線を1本、引いてみることから始めるのです。

「どうすれば人は動くか」を考える

急成長をとげている地域密着型のスーパーマーケットにおいて、「区画線を1本引く」ことで、整頓がうまくいった事例があります。その現場に立ち会った海稲良光は、こう証言します。

「元トヨタマンのトレーナーが、そのスーパーのバックヤードの整理・整頓を進めたときのことです。スーパーのバックヤードというのは、いろんなものがあふれていて、乱雑になりやすい。従業員のスリッパが無茶苦茶に置かれていたので、まずはここから手をつけることになりました」

線を引けば、スリッパもそろう

入口に乱雑に
脱ぎ捨てられたスリッパ

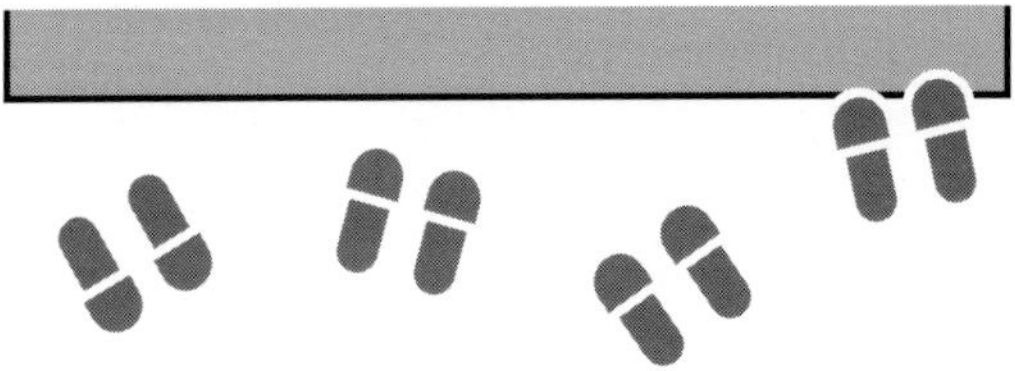

↓

マットを敷き、
スリッパの幅だけ切り抜くと……

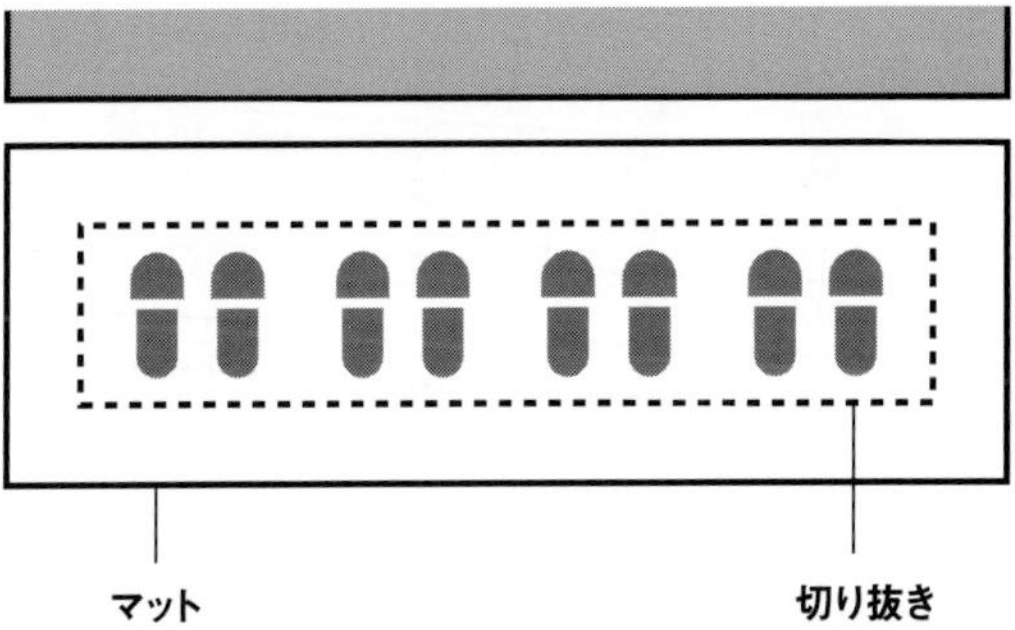

トレーナーは、スリッパをきちんと並べて置くよう、スーパーの従業員に指導しました。

来店するお客さまは、バックヤードの中を目にすることはありません。しかし、バックヤードもきちんと整理・整頓するという姿勢は、おのずから接客にも反映されてきます。そう説明したうえで、スリッパをきちんと並べるということを徹底してもらおうとしたのです。

だが、「スリッパをきちんと並べましょう」と呼びかけるだけでは、従業員はなかなか動かない。忙しい業務のなかで、みんなで守ろうとしたことをついつい忘れてしまうのです。

そこで、トレーナーは、区画線と同じように「まずは1本、線を引いてみる」ということを行いました。

そのトレーナーは、入口の床にマットを敷き、スリッパの幅だけ切り抜いたのです。目に見えるようにするとわかりやすいので、従業員も、何も言わなくてもその切り抜きの線に合わせて、スリッパをきちんと置いてくれるようになりました。

「何かをやろう」と呼びかけてうまくいかないときは、**どうすれば人は動いてく**

れるのか。どうすれば人は動きやすくなるのか――。そう考えることがとても大事で、そのための方法のひとつが区画線を引くなどの視える化なのです。

オフィスやデスクにも線を引く

こうした考え方は、オフィスやデスクまわりにも応用できます。

たとえば、オフィスでシェアしている備品があれば、それが置かれるべき場所に区画線を引いてしまう。

ゴミ箱なども置き場所を決めて、床にビニールテープで「×印」をつける。「×印」が見えていれば、ゴミ箱が正しい場所にないということが一目瞭然なので、あっちに置かれたり、こっちに置かれたりということはなくなります。

デスクの上にテープなどで区画線を引いてしまうのも、アイデアのひとつです。「ここからここまでは、モノを置かない場所」と決めて作業スペースを確保すれば、むやみにモノが積まれることはありませんし、整理・整頓の意識も身につきやすいでしょう。

CHAPTER 3

LECTURE 06

他人が30秒で探せるように〝定位置〟を決めなさい

>> POINT

ものづくりの現場にかぎらず、オフィスでもまわりの人との連携が大切。そのためにも、誰もが「必要なもの」を探し出せるしくみが求められる。

不特定多数の人が使うものは、定位置を決める

ものづくりの現場は、集団作業です。一人ひとりの個人作業で完結するものはひとつとしてありません。

前工程があって、自分の作業があり、それは後工程に引き継がれます。その流れのなかで、前と後の人たちと連携しながら、作業を進めていかなければならない。それに、昼勤と夜勤の引き継ぎもあります。生産体制の変更にともない、作業の人員配置が変わることもあります。

こうした集団作業を円滑に進めていくためにも、整頓が必要になります。**不特定多数の人が使うものについては、定位置を決め、必ずそこに戻すということが必要不可欠**です。

ある人が工具を使って、適当にそのあたりに置いたとします。その人は、その工具をどこに置いたか覚えているからまったく困らない。また使おうとしたときにもすぐに見つけられます。

しかし、そのあとを引き継ぐ人が使いたいと思った場合は、定位置が決まっていなかったらどこにあるかわからないでしょう。その工具を探さなければならなくなります。だからトヨタでは、整頓についてやかましく言うのです。

誰もがすばやく取り出せるしくみをつくる

整頓は、誰が探してもわかるようになっているのが原則です。

たとえば、妻が入院中は、夫はたとえ自分の家であっても、何がどこにあるかわからなくなるものです。片づけている妻だけでなく、夫にもわかるようにする。これが整頓です。

また、冷蔵庫の中身ひとつとっても、毎日料理をしている妻は、どこに何が入っているかを熟知していますが、妻以外の人が、短時間で目的の食材を探し出すのは、意外とカンタンではありません。

冷蔵庫を開けたり、野菜室を開けたり、チルド室を開けたり……せっかく省エネの冷蔵庫を買っても、10秒も20秒も開けたまま探していては、電気代がかかり、ムダになります。

そこで、もしも冷蔵庫の扉に食材が入っている場所を示した紙がマグネットで貼ってあったらどうでしょうか。目的の食材が入っている扉を開けて、すばやく取り出すことができます。

家庭ではそこまでする必要はないかもしれませんが、多くの人が一緒に働く会社では、定位置が誰にでもわかるようにしておく必要があります。

職場では、「知らない人が30秒で探し出せるようにする」という基準をもうけると、誰にとってもわかりやすい整頓ができるようになります。

オフィスでも、まわりとの連携プレーが必要

これは、ものづくりの現場だけにかぎったことではないでしょう。

オフィスであっても、一人ひとりのなかで完結する作業は少ない。大勢の人たちの関わりのなかで仕事をしており、それぞれの作業はつながっています。

オフィスは、どうしてもデスクの上に書類が山積みになり、整頓されないことが多い。なぜなら、どんなに乱雑なデスクであっても、使用者本人は何をどこに置いているかわかっているつもりだからです。「あの書類を出してください」と言われれば、山積みになった書類の中からサッと出すことができると思っているのです。

しかし、本当にこれでよいのでしょうか。

もし、その書類が、会社にとって重要なものであり、本人が不在のときに急に必要になったとしたらどうでしょうか。みんなで探しまわることになります。本人が戻ってくるまで、何のアクションもとれなくなってしまうことが起きるのです。

組織の動きを止めない整頓

トヨタのオフィスでは、部長・課長など管理職のデスクの上に、2つの決裁箱が置かれています。1つは「未決箱」、もう1つは「既決箱」。これは一般的にもよく知られている方法かもしれません。

部長・課長は忙しく働いています。社内で顔を合わせたり、相談する時間をほとん

「未決箱」と「既決箱」を活用する

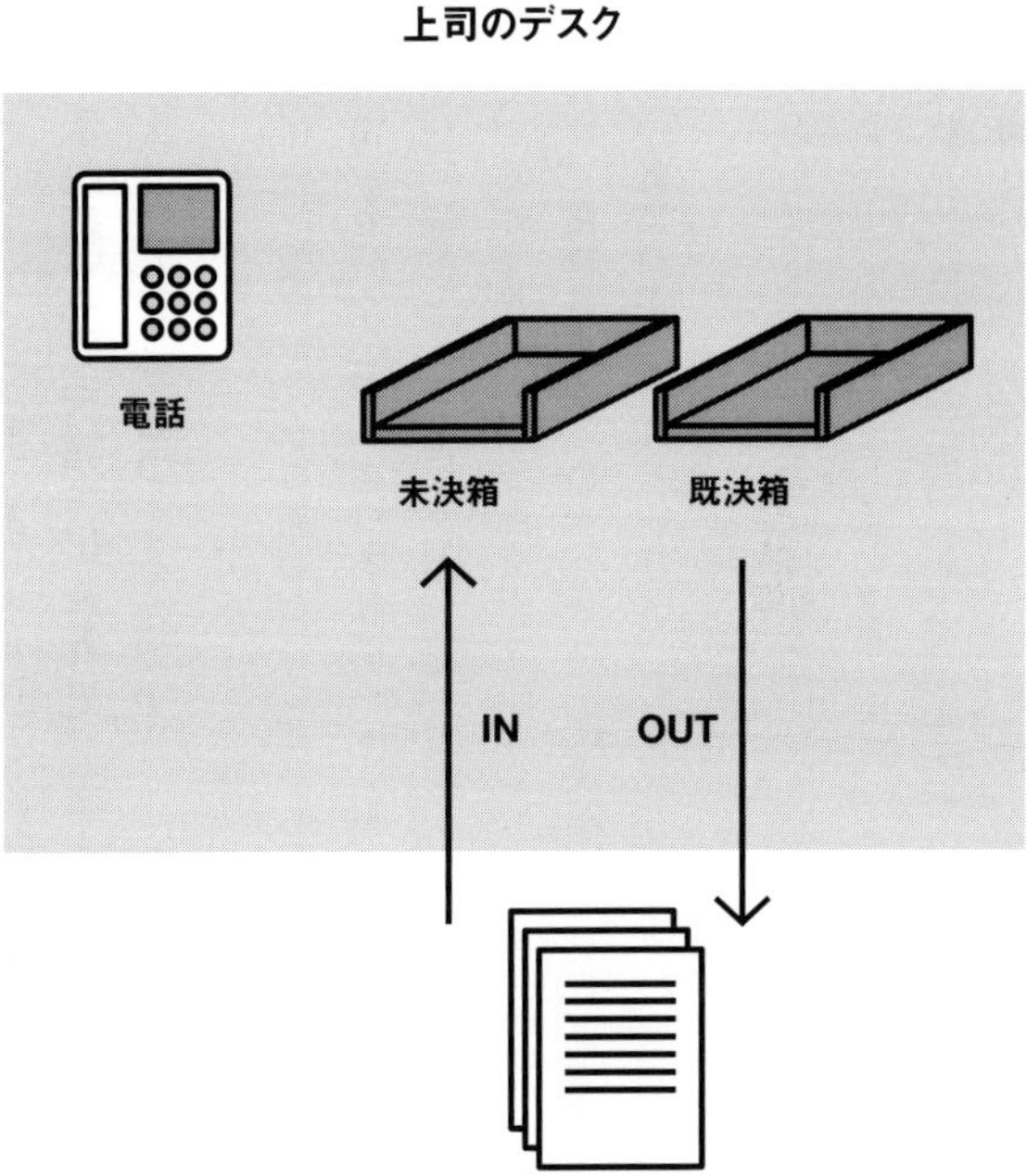

上司と部下が不在でも
書類が滞ることなく、流れていく

どとれなかったりすることが多くあります。

だから、**「未決箱」「既決箱」に入れて、本人がいなくても必要なものがすぐに取り出せるしくみをつくる**のです。

社員が、上司の決裁を得てから進めたいことがあり、稟議書をまとめたとします。そのときに上司が会議などで不在であれば「未決箱」に入れておきます。会議から戻ってきた上司は、部下と入れ違いになったとしても、「未決箱」を見れば、いま現場が何を求めているかを把握し、判断を下すことができます。

翌日になれば、稟議書をまとめた社員は「既決箱」を見れば大丈夫。上司の決裁が下り、その稟議書に判が押されていれば、その案件にすぐに取りかかることができるでしょう。

オフィスのなかでは、さまざまな書類が流れていきます。これらの書類の流れが滞ると、業務のスピードが落ちてしまいます。

だから「未決箱」「既決箱」をつくって、本人がいなくても必要なものを探せるようなしくみを用意しているのです。

職場においてはチームワークが大事。整頓するということは「自分がいなくても、ほかの人が必要とするものをすぐに探せるようにする」という配慮でもあることを忘れてはなりません。

CHAPTER 3

LECTURE 07

「見よう」としなくても「見える」が大事

>> POINT

トヨタでは、整頓をするときに、モノの定位置を明示するのが基本。「どこに何があるか」を明示すれば、ひと目でモノがどこにあるか「見える」。

モノの定位置がひと目でわかるようにする

「必要なものを必要なときにすぐに使える」ようにするために、モノの定位置を決める。それに続けて行っていくのが、「モノの定位置を明示する」ということです。

定位置を決めたら、それをみんながわかるようにします。たとえ決めたことであっても、人は日々の仕事や生活のなかですぐに忘れてしまいます。だから、覚えていなくてもすぐにわかるようにするのです。

また、人の入れ替わりがあって、新しい人がやって来たときにも、彼らがすぐにわかるようにしなければいけません。

それをトヨタでは、「明示する」という言葉であらわしています。**「明示する」方法としては、基本的には「掲示」であるべきです。**

さまざまな現場で、「モノの定位置は、どのように管理していますか」と聞くと、「パソコンの中にファイルにして管理しています」「パソコンの中にデータがあります」などという返事が返ってくることが少なくありません。

しかし、このやり方はオススメできません。パソコンというのは「見よう」という意識がないと見られません。結局、「意識しない」→「見ない」→「わからない」ということになりやすいのです。

だから、モノの保管のルールは、すべて現場に掲示する。何がどこにあるかは、そのモノのすぐそばに掲示するのです。

- **紙に書いて貼り出す**
- **棚にシールを貼って、中に何が入っているかを書く**
- **ロッカーや棚に使用者の名前を書いた札をつける**

このように掲示することで初めて、現場の全員に周知徹底されることになります。

掲示してあれば、自然に目に飛び込んできます。

「見よう」としなくても「見える」、これが大事なのです。否応なしに「見える」ようにするということが、整頓のポイントのひとつになります。

モノの定位置を明示する

棚の中身を明示した例

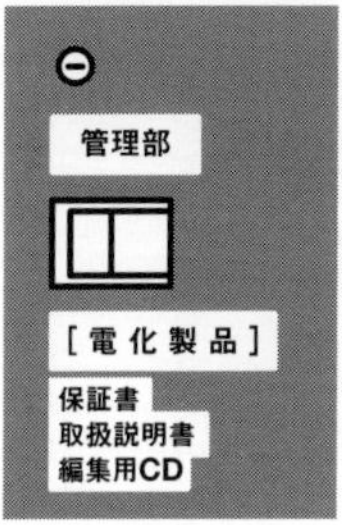

ファイルの中身を明示した例

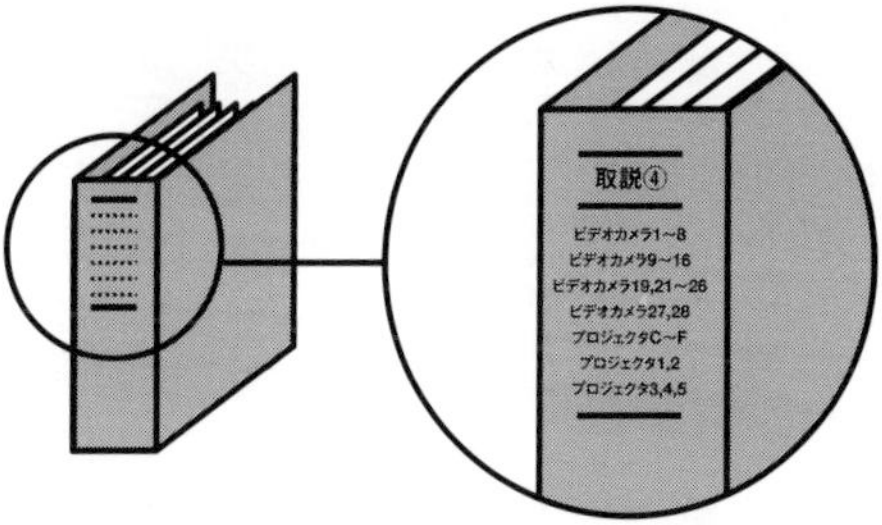

「マップ図」を掲示する

保管すべきモノがたくさんある場合も、「掲示する」ことが大切です。むしろ、たくさんあるからこそ、ひと目見てわかるようにすることが求められます。

トヨタでは、「マップ図」と呼ばれるものをつくり、現場に掲示することがしばしばあります。

マップ図は、さまざまな場面で活用できます。たとえば、収納棚の保管ルールを示す場合です。

ものづくりの現場であれば、棚の中にたくさんの部品や工具が収納されています。オフィスであれば、棚の中にさまざまな案件に関わるファイルや書類が収納されているでしょう。また、共有の本棚も無造作に本が置かれ、乱雑になりがちです。何のしかけもないと、必要なものがどこにあるかすぐにわかりません。

だから、置き場所のルールがひと目でわかるようにマップ図をつくり、その場に掲示するのです。

本棚の「マップ図」の例

本の分類・配置

①辞書
②海外
③生産コンサル
④トヨタ
⑤OJT
⑥TPS指導
⑦生産管理(全般)
⑧生産管理(テーマ別)
⑨固有技術
⑩5S
⑪TQM・QCサークル
⑫人材・組織
⑬管理監督者
⑭仕事の知識
⑮伝え方・教え方
⑯企業・産業
⑰食品・非製造
⑱企業経営
⑲ものづくり
⑳健康
㉑開発・設計・調達
㉒工場管理
㉓その他雑誌

<table>
<tr><td>④トヨタ</td><td>㉑開発・設計・調達</td><td>⑦生産管理(全般)</td><td>⑨固有技術</td><td>⑳健康</td><td colspan="2">①辞書</td></tr>
<tr><td>④トヨタ</td><td colspan="2">⑧生産管理(テーマ別)</td><td>⑪TQM・QCサークル</td><td>⑩5S</td><td>⑬管理監督者</td><td>⑮伝え方・教え方</td></tr>
<tr><td>④トヨタ</td><td colspan="2">⑧生産管理(テーマ別)</td><td colspan="2">㉒工場管理</td><td>新刊本コーナー</td><td>⑭仕事の知識</td></tr>
<tr><td>⑥TPS指導</td><td colspan="2">③生産コンサル</td><td colspan="2" rowspan="3">㉓その他雑誌</td><td colspan="2">⑲ものづくり</td></tr>
<tr><td>⑰食品・非製造</td><td colspan="2">⑫人材・組織</td><td>⑯企業・産業</td><td>⑱企業経営</td></tr>
<tr><td>⑤OJT</td><td>②海外</td><td>⑳健康</td><td>不明本</td><td>DVD</td></tr>
</table>

本棚のどの場所に、
どのジャンルの本が収納してあるか一目瞭然

収納のための棚がいっぱい並んでいると、棚の中に何が入っているか、すべて覚えるのは困難です。ましてや、新しく入ってきた人などはまったくわかりません。

そこで、棚の概略図を描き、A棚、B棚、C棚……と決めていく。そして、A棚には何が入っているか、B棚には何が入っているか、を書き込んでいきます。

さらに細かくしようとすれば、それぞれの棚の「段」と「列」についても、同じように進めていきます。

これらのマップ図は、**「現場に掲示する」が大原則。**引き出しの奥やファイルの中にしまわれていたら、マップ図を探すだけで時間をロスしてしまいます。

必要とされる場所に掲示され、「見える」ようになっているからこそ、「必要なものを必要なときに取り出せる」を実現できるツールとして役立つのです。

写真を掲示すれば「見える」

マップ図のほかにも、モノの置き場所を明示するためによく使われる方法があります。それが写真です。

写真は、文字や図面以上に自然と目に飛び込んでくるものなので、「見る」ではなく「見える」の明示を実現しやすく、使い方によっては大きな効果を上げられます。

トヨタでは整理・整頓を進めるとき、よく写真を活用しています。

たとえば、デスクの上にいろいろなものが雑多に置いてあったとして、それを整理・整頓したとします。**きちんと片づいてキレイになったら、その状態を写真に撮って、デスクの上のどこかに掲示しておく**のです。

つまり、「作業が終わったときは、この写真のような状態に戻しましょうね。これが普通の状態ですよ」ということを明示するわけです。

整理・整頓された状態を写真に撮り、常にデスクの上に掲示しておく。すると、何をどこに置くのかが毎日「見える」から、その状態をキープするための行動を起こしやすいのです。

「見る」ではなく「見える」で、モノの置き場所を明示していくことが大切です。

CHAPTER 3

LECTURE 08

モノの「住所」を決めなさい

>> POINT

トヨタでは、「モノをどこに収納するか」を定めて管理を徹底している。モノの「住所」が決まっていれば、誰でもカンタンに探し出すことができる。

三 オフィスを「街」に見立てて「住所」を決める

モノの定位置を決めていくときに、トヨタでよく使われる手法があります。

それは**「所番地《ところばんち》を決める」**ことです。これは、工場やオフィスなど、広大なスペースにおける整頓を進めるときに役立ちます。

たとえていえば、工場やオフィスなどを、1つの街のようにとらえる感じです。全体を碁盤の目のように区切り、「〇〇は〇丁目〇番地」というようにモノの所在地が明確になるようにします。

オフィス全体のレイアウト図があるとすれば、タテとヨコに均一に線を引きます。

たとえば、タテの線を左から順に、1丁目、2丁目、3丁目……とふっていく。ヨコの線を上から順に、1番地、2番地、3番地……とふっていく。

このように定めると、「コピー機は、1丁目1番地にある」「雑誌のバックナンバーは、4丁目3番地にある」とそれぞれの住所が定まってきます。

モノの置き場所をお互いに説明するときも、「××のあたりにあるよ」と漠然と伝えることなく、明確に位置を指し示すことができ、それを工場やオフィス内に貼り出しておけば、みんながわかります。

文房具やパソコンデータも「住所」で管理する

小さなオフィスや個人のデスクまわりでは、いちいち所番地を決めるのは現実的ではないかもしれません。しかし、**「モノの住所を決める」という考え方は、整頓を進めるうえでは大切**です。

・デスクのいちばん右上の引き出しには、文房具類を入れる
・デスクのいちばん右下の引き出しには、ファイルを入れる

このようにモノの定位置を決めたうえで、引き出しには何が入っているかを「掲示」する。そうすれば、「スペースが空いているから、とりあえず突っ込んでおけ」といったことは防げますし、モノの所在が不明になることもありません。当然、探す

ムダを削減できます。

「モノの住所を決める」のは、パソコンのファイルの整頓でも大切な考え方です。

ときどき、パソコンのデスクトップ上に、大量のファイルが並んでいる人を見かけることがあります。このような人は、決まってデスクまわりの片づけも苦手です。

ファイルも書類などと同じで、探す時間は何も生み出さないムダな時間です。デスクトップ上に何十個もあるファイルのなかから目当てのファイルを瞬時に見つけ出すのは至難の業です。

ファイルも「住所」を決めて、整頓していく必要があります。

ファイルを整頓するうえで最もポピュラーなやり方は、フォルダを活用する方法です。大分類、中分類、小分類など3つくらいの層に分けておけば、短時間で目当てのファイルにたどり着くことができます（185ページ図参照）。

入口となる大分類のフォルダは、デスクトップに置いておいてもよいですが、あまりたくさんあると入口でつまずいてしまうので、**「デスクトップ上には、3列を超えるフォルダを置かないようにする」といった基準をもうける**といいでしょう。

フォルダは大まかなフォルダ名（所番地）でも問題ありませんが、それぞれのファイルは、日付、会社名やお客さまの名前、ファイルの内容など、細かい情報を盛り込んだファイル名がいいでしょう。フォルダ内のファイルがたくさん増えると、どれがどのファイルか混乱しますし、万一、すぐに見つからないときは検索をかけて探し出すことができます。

人の動きから、モノを置く場所を決める

「所番地を決める」ことには、モノの置き場所がわかりやすくなることだけにとどまらない効果があります。

工場・オフィス内の「住所」という座標軸が定まることにより、**モノをどこに置くと最適なのかについて、気づきが生まれやすくなる**のです。

所番地を決めることで、現状がとらえられます。そのうえで、人の動きを見ていくのです。トヨタの人間は「動線」といっていますが、これをチェックしてみるのです。

「フォルダ」と「ファイル」の分類の例

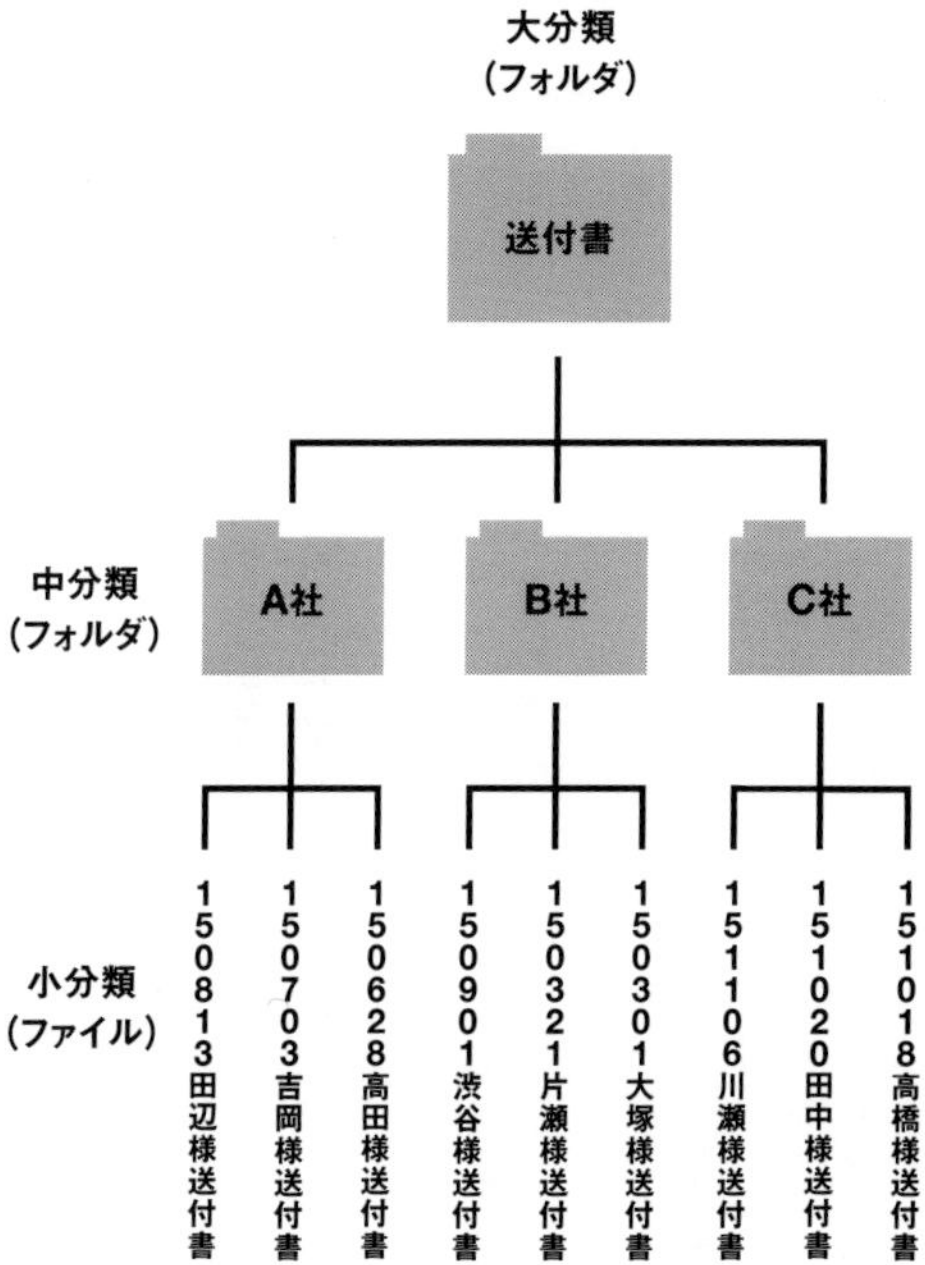

フォルダやファイルも「住所」を明らかにすれば
データを探すムダがはぶける

たとえば、オフィスであれば、コピーをとるときに人がどのように動いているのかを見てみます。するとたとえば、

①紙切れしているので、コピー用紙を補充する
②コピー用紙の包装紙を破って、包装紙をゴミ箱に捨てる
③コピーをする
④自分の席まで戻る

といった動きが見えてきます。

それを所番地の一覧に書き込むと、コピーをとるときの人の動線が明らかになります。すると、コピー機とコピー用紙との間が離れすぎていて動きにムダがあるとか、コピー用紙の包装紙を捨てるためにゴミ箱まで何歩も歩いている、といったことに気づきます。

そして、人の動きを見たときに、コピー機、コピー用紙、ゴミ箱をどのように置いたら最適なのか、と考えることができます。

「動線」を考えてコピー機を配置する

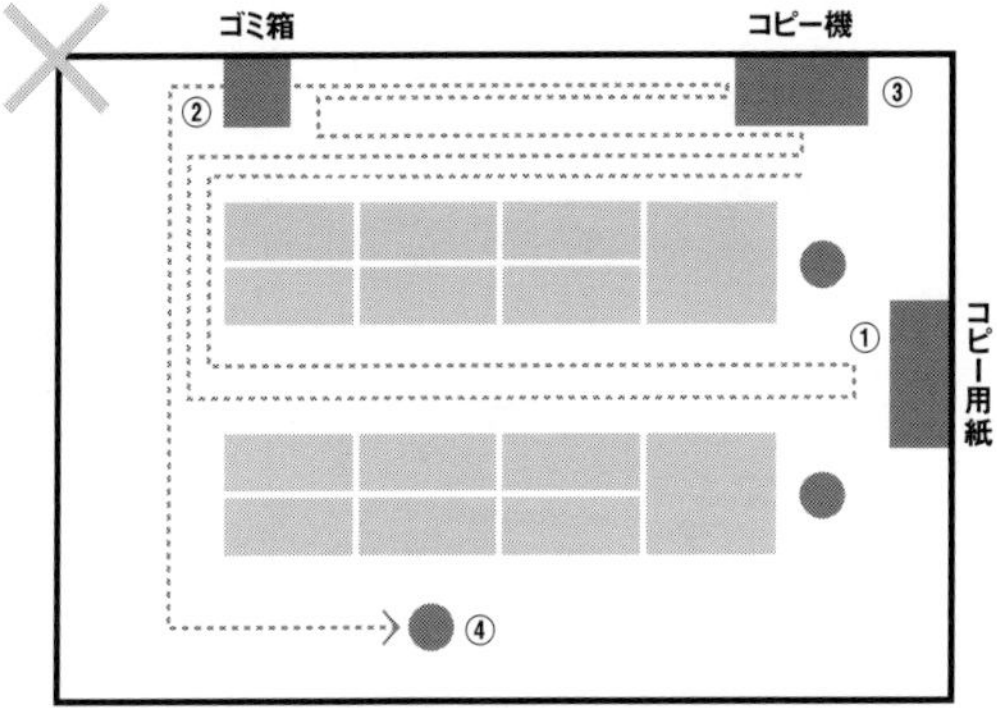

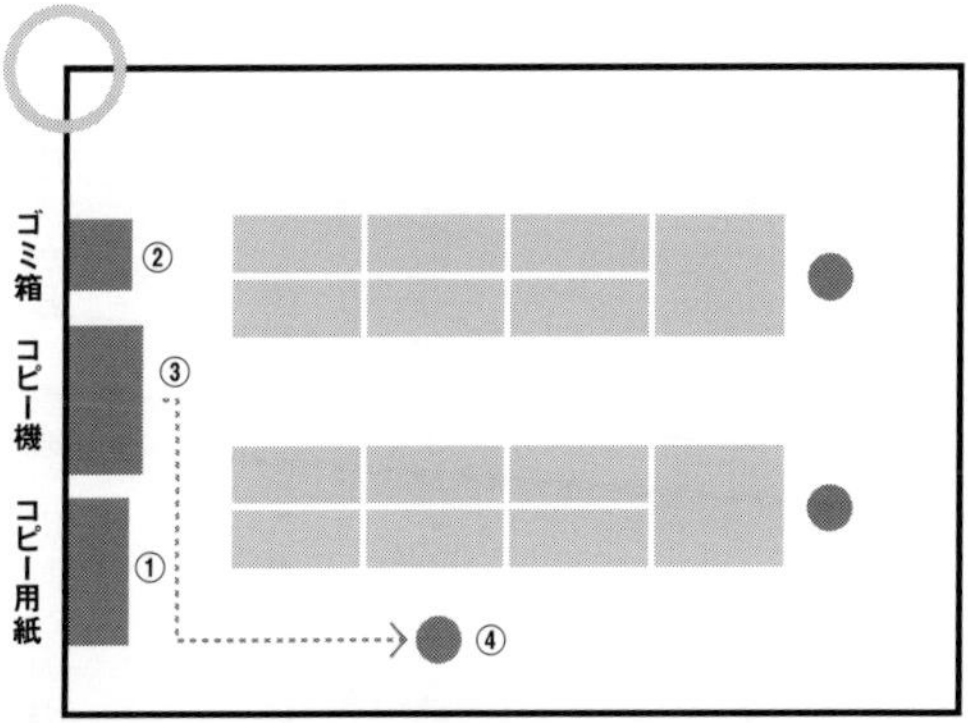

このときに所番地があれば、「コピーまわりのモノは、3丁目3番地にまとめよう」といった具体的なアクションをとることができます。現住所から、最適な場所への引っ越しを進めやすくなるのです。

動線の形は、「一筆書き」の流れになっていて、ムダな動きがないのが理想です。ものづくりの現場であったりすると、さまざまな部品を取り出しながら作業していくことが多いのですが、そのときの動きがスーッと流れていくような形がいい。

その反対が、「戻り作業」です。戻っている分だけムダな動きが生まれている。そうならないように、部品棚を置く必要があります。

トレーナーの岩月恒久は、こんな身近な例を挙げて説明します。

「飲食店のなかには行列ができていて、料理もおいしいのに、しばらくたつと閉店してしまう店があります。そういう店を観察していると、入口と出口がバッティングするなど動線が悪かったり、厨房内の動線が悪くて料理が出てくるのに時間がかかっていたりします。すると、お客の回転数が少なくなり、行列のわりに利益が出ていないということになるのです」

棚の管理の基本原則は「三定《さんてい》」

所番地は、棚の管理にも使われます。棚にも住所を決めていくのです。その際、トヨタでは、「三定」という考え方で進めています。

①定位置（モノの位置：モノをどこに置くか）
②定品（モノの種類：どんなモノを置くか）
③定量（モノの量：どのくらいモノを置くか）

所番地を「A－3－①」と決めたところがあるとすれば（①定位置）、その場所には必ずボルトを入れることにし（②定品）、それも50個入れる（③定量）といった具合です。これを誰が見てもわかるように明示します。

この三定が守られるように常に意識し、所番地とあわせてモノの管理を進めていきます。基本的には、三定をきちっとすればモノの管理の形はできます。

CHAPTER 3

LECTURE 09

どこに戻せばよいか一目瞭然の「姿置き」

>> POINT

トヨタの現場では、整頓が乱れないための工夫がなされている。そのひとつが、置き場にモノの形を表示する「姿置き」である。

整頓が乱れる2つの理由

せっかく整頓して、置く場所を決めても、しばらく時間がたつと、その置き場にモノが戻されなかったり、別の場所に置かれていたりすることがあります。ひとたび整頓が乱れてしまうと、どんどん乱雑になっていくものです。

整頓が乱れる理由には、大きく分けて次の2つがあります。

①新しいものが増えた
②置き場や置き方が悪い

①のように新しく工具や文房具、備品などを購入すれば、当たり前ですが、モノが増えます。しかし、これらの増えたものをどこに置くかを事前に決めておかないと、何となく空いているスペースが置き場になってしまいます。そうした置き場の確定していないものが増えれば、整頓が乱れるのは当然です。

このような場合、モノを購入する前に、対策が必要になります。
まずは、いままで使ってきたものは処分しなくてよいかを考えます。新しいものを購入することによって、これまで使っていたものが不要になれば、古いほうは処分する必要があります。これをあらかじめ考えておかないと、同じようなものがいくつも混在してしまいます。

職場のなかにない新しいものを買う場合は、あらかじめ置き場を決めておくか、新しいものを買った際に置き場を決めるしくみをつくっておくことです。置き場が最初から決まっていれば、新しいものがあっちに置かれたり、こっちに置かれたりといった事態を防げます。

「置き場所」は、はっきり大きく明示

整頓が乱れる場合、②置き場や置き方が悪いというケースも考えられます。
特にいちばんよく見られる悪い例が、「戻す場所がわかりにくい」ということ。

戻そうと思っても、戻す場所がどこにあるのか、戻し方（置き方）をどうすればよいかがひと目でわかりにくいと、しだいに整頓が崩れていきます。

先ほども述べたように、トヨタではこれを防ぐために、「置き場所をはっきり大きく明示する」という対策がとられています。

棚の目立つところに、「A部品」「B部品」などと、何が置かれるべき場所であるかを、目立つように表示します。

オフィスであれば、「販促関係の書類」「パソコン周辺機器」などと棚やキャビネットにはっきりと明示されていれば、戻す場所に迷うことはありません。

共有スペースや引き出しの中は「姿置き」

トヨタには、「姿置き」という整頓方法もあります。これは、**置き場所に戻されるべきモノの形を表示する方法**です。

たとえば、工具類の置き場所を決めたら、戻すべき場所に、工具の形状（姿）を描いておくのです。

スパナ置き場であれば、スパナの形状を工具棚にあらかじめ表示しておく。そうすれば、工具棚のどこに戻せばよいかが一目瞭然です。


これはオフィスでも使える整頓方法です。

文房具を部署でシェアしている場合は、共有スペースにホチキスや2穴パンチなどの形状を表示しておきます。形状を表示するのがむずかしい場合は、テープなどに品名を書いて貼っておくという簡易な方法でも、「姿置き」と同じ効果が得られます（次ページ写真参照）。

そうすれば、文房具が使われていることがすぐにわかりますし、戻す場所も明確なので、整頓された状態が保たれることになります。

もし姿置きのしくみがなく、1つの棚に共有の文房具が無造作に収納されていると、文房具を探すときに、棚の中に探している文房具があるかどうかひと目ではわからないので、時間がかかります。

また、姿置きがより徹底されている職場では、共有の置き場からモノを借りるとき

「姿置き」の例（簡易な方法）

共有の文房具スペースの通常時

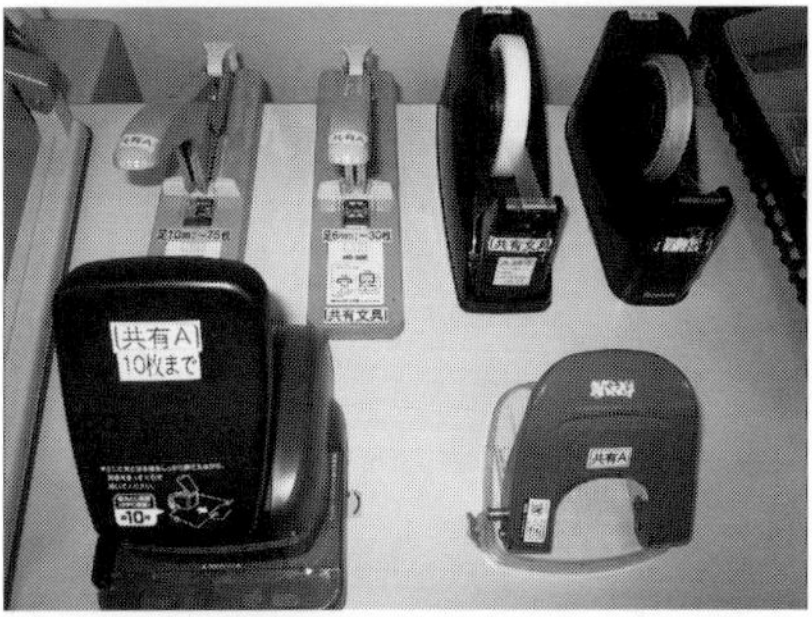

共有の文房具が使用されている場合

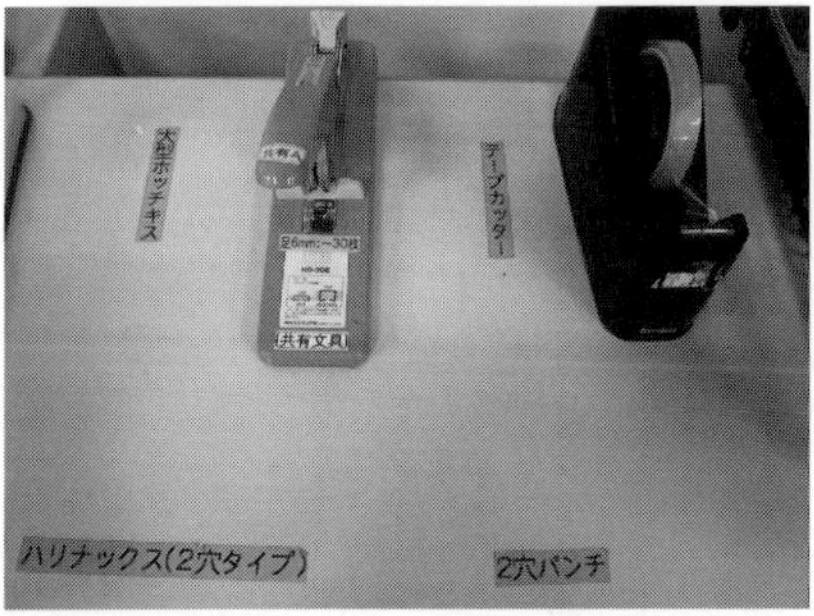

は、自分の名前が入った札を代わりに置いておく場合もあります。こうすれば、誰が何を使っているかがわかります。

もちろん、こうした姿置きのしくみは、個人のデスクの上や引き出しの中でも応用できます。

・セロハンテープはこの場所
・カッターはこの場所
・クリップはこの場所

などと、ひと目でわかるように明示しておく。そうすれば、その場所にきちんと戻すようになりますし、ほかのものを収納すると違和感を覚えるので、整頓された状態が保たれることになります。

CHAPTER

4

トヨタ流
片づけが
「習慣化」する方法

CHAPTER 4

LECTURE 01

そうじも仕事のひとつ

>> POINT

トヨタでは、整理・整頓・清掃・清潔を仕事のひとつと考え、習慣的に行っている。「そうじも仕事」ととらえれば、片づいた状態を維持できる。

片づいた状態をキープする3つの活動

整理・整頓により、オフィスや工場は片づいてキレイになっていきます。そのあとに、その状態を維持していくための日々の活動があります。それが、5Sのうち残りの3つです。

「清掃」（キレイにそうじする。日常的に使うものを汚れないようにする）
「清潔」（整理・整頓・清掃の状態を維持する）
「しつけ」（整理・整頓・清掃についてのルールを守らせる）

この3つが行われないと、せっかくキレイに片づいた状態がすぐに崩れてしまいます。整理・整頓をやっても元の状態に戻ってしまい、整理・整頓を延々とやり続けなければなりません。つまり、**片づけが「習慣化」されないと、職場の整理・整頓は完成しない**のです。

汚い場所は、ますます汚くなっていく

そのうちのひとつ、清掃についてまず見ていきましょう。清掃とは、「キレイにそうじすること」。

整理・整頓されたとしても、毎日の仕事のなかで、ゴミが出たり、汚れがついたりします。だから、それらを取り除き、キレイな状態を保つ「清掃」という活動が必要になります。

清掃が行われないと、身のまわりをキレイにしようという意識がどんどん低下していきます。

「キレイなところほど、ゴミを捨てられない」と思いませんか。その反対に、いったん汚れてくると、さらに汚れていきやすい。

クルマで走っていると、道路わきの草むらに缶やペットボトルなどのゴミが捨てられている場所を見かけます。信号待ちをしているクルマのドライバーが、ゴミが投げ捨てられているのを見て、「ここならみんな捨てているし、大丈夫だな」と思って捨

ていく。そうしてどんどんゴミが増えていきます。

一方、草がきっちり刈られていて、常にキレイにキープされている場所には、ゴミが捨てられることはありません。

キレイな状態をキープしておくと、キレイなままになります。誰かが汚してしまうと、みんなも汚し始めます。

オフィスを清掃をする理由も、ここにあります。常にキレイにしておけば、ずっとキレイなままでキープすることができるのです。何より、身のまわりがキレイになるのは気持ちいいので、仕事にもフレッシュな気分で取り組めます。

清掃を怠ると、規律を守ろうという意識がどんどん低下していきます。一度、汚くなれば、片づけをするモチベーションも低下してしまう恐れもあります。

それを防ぐためにも、そうじをするためのしくみをつくらなければなりません。

清掃のための「時間」はあるか

トヨタ以外のさまざまな現場では、そうじをするための時間がちゃんと与えられていないといったことがよくあります。そもそも、そうじが仕事の付加価値を高めるものだと思われていないのでしょう。時間が与えられていなければ、なかなかそうじを進んでやる気にはなりません。

就業時間内、たとえば朝9時から夕方5時までの間に、5分なり10分なりのそうじの時間がもうけられているかどうか。

日々の忙しい仕事のなかでは、意識して「清掃のための時間」をつくっていかなければ、清掃するという活動は根づいていきません。

「清掃は、仕事ではない。仕事の合間にやるもの」と考える人が多いですが、**トヨタでは、清掃を大切な業務の一部としてとらえています。**

清掃は、散らかったあとや汚れたあとにやるものではありません。日頃から習慣化するものなのです。

清掃時間を業務に組み込む

清掃を習慣にするには、集中的に行う時間をもうけるのも方法のひとつです。

会社や部署単位で「水曜日の午後5時～5時30分は清掃をする」という具合に清掃タイムをつくるのが理想ですが、そのような習慣のない会社もありますし、清掃業者に任せきりの会社も多いのが現実でしょう。

しかし、デスクまわりのそうじであれば、個人単位でもできます。清掃する時間をつくって、定期的にデスクまわりやパソコンの中身を片づけましょう。

たとえば、「始業時間から3分間は片づけタイム」「終業前の5分間は清掃タイム」「毎週金曜日の15分は清掃タイム」というように、日常業務のなかに組み込んでしまうのです。

個人的に片づけタイムをもうけて、日々の習慣にする。

ほんの数分であれば、業務に支障が出ることはないので、心理的にも負担は少ないはずです。

職場や個人で清掃を習慣化し、整理・整頓された状態が維持できれば、わずかな清掃時間は十分に元がとれるのではないでしょうか。

CHAPTER 4

LECTURE 02

「そうじしないで済むしくみ」を考える

>> POINT

汚れるから、そうじをする。しかし、汚れなければ、そうじの手間は大幅にはぶける。「そうじしないで済むしくみ」をつくるのも清掃のひとつである。

そもそも道具があるか

清掃のための「道具」はあるか、ということも重要です。

トレーナーの小笠原甲馬は、5S（整理・整頓・清掃・清潔・しつけ）がなかなか定着しない現場の指導に入ったことがあります。そこで、気づいたのは、清掃のための「道具」が何もそろえられていないということでした。

「その職場では、5Sのための『時間』は与えられていたのですが、そのための『道具』が与えられていなかった。だから、うまくいっていなかったんです」

その職場では、ほうきやぞうきんなどは用意されていましたが、洗剤関係が調っていませんでした。洗剤とひと口にいっても、床には床用、ガラスにはガラス用、設備には設備用のものがあります。

洗剤なしで、ぞうきんで拭くだけだとキレイにならない。専用の洗剤を使わないと

2倍、3倍の時間がかかってしまいます。その職場で整理・整頓がなかなか定着しない理由はそこにありました。

「時間は金なり」です。だから、清掃をいかに効率的に行うかが大事。専用の洗剤をそろえておけば、短時間で終えることができ、続けやすくなるはずです。

清掃道具も「視える化」する

工場の部品やオフィスの文房具や備品のように、**清掃道具についても、「視える化」することが大事なポイント**となります。

多くの場合、清掃道具はロッカーの中にしまわれています。たしかに、清掃道具はお客さまなどに見せるものではないので、隠しておきたいという気持ちになるのはわかります。

しかし、外から見えないようにしておくと、ほうきやモップが雑然としまわれることになります。これでは、汚い道具を使わなければならず、気持ちよく清掃できません。また、道具がなくなったり、傷んでいたりしてもわからないでしょう。

清掃道具は「視える化」する

清掃道具をオフィスで共有している場合

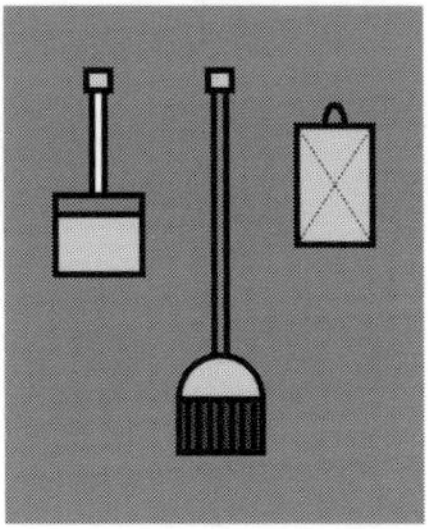

ロッカーなどに収納しない

清掃道具を個人で用意する場合

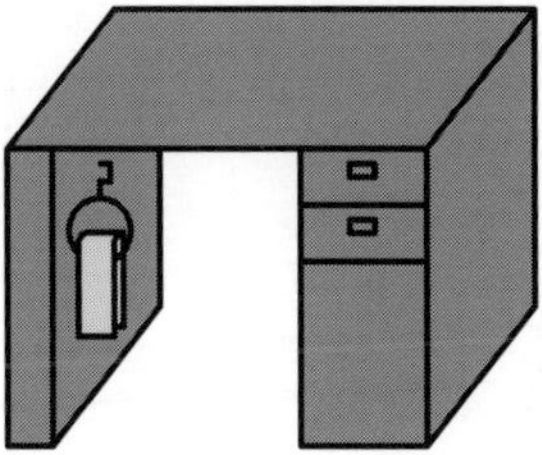

デスクなどを拭くぞうきんをタオルハンガーにかけておく

ですから、清掃道具についても、オープンにし、いつでも使えるように管理する必要があるのです。お客さまの目につかないようなスペースで、なおかつ社員からはオープンになっているスペース。そんな場所を探して、清掃道具をまとめておくとよいでしょう。

たとえ清掃道具を置いていない会社であっても、自分のデスクまわりをすぐにそうじできるように、個人でぞうきんなど最低限の道具をそろえておくといいでしょう。デスクから離れたロッカーなどに道具を入れておくと、どうしても億劫になってしまうので、できるだけデスクの近くに置いておくのがポイント。

たとえば、デスクの内側にハンガーなどでぞうきんやハンディモップなどをつるしておくと、気軽に清掃に取りかかることができます。

「清掃は点検なり」

トヨタには、「清掃は点検なり」という言葉があります。徹底的な清掃で異常が見つかるのです。

工場で清掃することのメリットは、「発生するゴミや小さな汚れのなかから異常を発見する」ことにもあります。

だからこそ、時間や道具をしっかり確保し、清掃をしていくべきなのです。

たとえば清掃していて、床面にボルトが1つ落ちていたとします。それは一体、どこから落ちたのか。上を見て、左を見て、右を見てみる。設備のどこかが老朽化していて、そこからボルトが外れたのであれば、一大事となります。

ゴムのカスなどが落ちていたら、どう考えればいいでしょうか。設備のどこかのベルトが摩耗して劣化している可能性もあります。それにいちはやく気づき、摩耗したベルトの交換などの処置を早急に行えれば、設備の故障を未然に防ぐことができます。

これは工場にかぎったことではありません。**日常的にオフィスやデスクまわりの片づけやそうじをすることで、「提出し忘れた書類」「処理していない仕事」が見つかる**ことがあります。たとえば、パソコンの中身の片づけをすれば、「メールの返信し忘れ」「締め切りが迫った書類作成」などに気づき、ミスやトラブルを未然に防ぐことができます。

清掃は、いつもと違った状況に気づき、問題を発見していくチャンスです。さまざまな面で清掃は大事ですから、その労力を惜しむべきではありません。

「そうじしないで済む」のが理想

清掃のなかには、清掃をしないで済むしくみを考えることも含まれます。

たとえば、鉛筆削り器を考えてみましょう。

鉛筆をナイフで削ると、削りカスが出る。だから削り終わったあとは、削りカスをキレイに集めて捨てるというそうじが必要になります。

しかし、鉛筆削り器は、削りカスを集めるケースがついている。鉛筆を削ったときに、削りカスは自動的にそのケースの中にたまっていきます。

ケースがいっぱいになったら、それを外してゴミ箱に捨てるだけ。つまり、そうじする手間をはぶくしかけが加えられているのです。

オフィスでいえば、シュレッダーのゴミを片づけるときに、必ず細断された紙くずが、いくらか床に散乱してしまうとしましょう。そういうときは、それが散乱しない方法を考えるのです。

このときのポイントは、紙くずを散乱させずにうまくやっている人を探すこと。その人のやり方を職場の標準として、自分たちも見習うことです。

うまくやる人を「特別」とは考えずに、みんなができるように標準化していくのです。職場の標準を上げていくことで、職場の清掃や片づけのレベルが上がっていきます。

清掃というと、すぐに「そうじ」を思い浮かべてしまいがちです。

しかし、このように**「そもそもそうじをしなくて済むしくみ」を考えることも、清掃のひとつなのです。**

CHAPTER 4

LECTURE 03

人によって「キレイ」は違う。だから点検を！

>> POINT

同じものを見ても、Aさんは「キレイ」だと思っても、Bさんは「汚い」と思うかもしれない。その差を埋めるのは、客観的な判断基準である。

「キレイ」「汚い」の感性の違いを埋めていく

次は、5Sの「清潔」について見ていきましょう。

これは**「整理・整頓・清掃の状態を維持する活動」**のことです。

片づけがせっかくうまくいっても、時間の経過とともにだんだんと散らかってしまいます。うまくつくられたしくみであっても元に戻ってしまっては、それまでの苦労が水の泡です。

しかし、現実には、忙しい毎日のなかで忘れ去られ、省みられないことがしばしば起きます。

そうならないために「清潔」を維持する活動を行うのです。そこで「チェックシート」というツールを使うと、うまく進めやすくなります。

特にオフィス全体で整理・整頓・清掃をやっていくときに、どうしても「人によって感性が違う」といった問題にぶつかります。

ある人は「うちの職場はいまのままで十分キレイだ」と言う。別の人は「うちの職場は何でこんなに汚いんだ」と言う。これではバラバラになってしまって前に進みません。そこで、みんなでチェックシートをつくります。チェックシートにまとめることで、お互いの感性の差を埋められます。

たとえば、「床面をチェックしよう」とするだけでは、漠然としすぎ、一人ひとりの感性の差が出やすくなります。

誰がチェックするかによって判断基準が異なってきて、ばらつきが生まれます。ばらつきが出てくると、「整理・整頓・清掃の状態を維持する」活動がむずかしくなってきます。

そうではなくて、**「床面のどこをどのようにチェックするのか」などのチェック項目をつくり上げ、誰がチェックしても同じ行動がとれるようにする**のです。

私たちが現場の指導に入るときは、その現場の人たちみんなを集めて、「どこをどのようにチェックするのか」を話し合ってもらっています。

全員で意見を出し合い、考え合い、具体的な項目に落とし込んでいくことで、感性の違いを乗り越えていけるようになるのです。

片づけができているか自己チェックする

個人で片づけを実行するときにも、チェックシートは役立ちます。

たとえば、デスクまわりのチェックポイントをシートにまとめて、一つひとつ確認していくのです。

項目がたくさんあると、チェックするのがたいへんなので、必要最低限のものがあれば十分。ただし、ポイントは、次のように誰がやっても同じ判断ができるような基準とすることです。

・床にモノが置かれていないか
・未処理の書類がデスク上に置かれていないか

・1週間以上使われていないモノがデスクまわりに置かれていないか
・文房具やファイルは決められた場所に戻されているか
・パソコンのデスクトップ上のフォルダが3列を超えていないか

「デスクの上が片づいているか」など、あいまいな表現だと、ついつい評価が甘くなってしまいます。

チェックの頻度は、1週間に1度など定期的に行うのが理想です。清掃を業務の一部として組み込み、定期的に清掃をしている人は、清掃と一緒にチェックも済ませてしまえばいいでしょう。

定期的な「赤札活動」も有効

第2章で「いらないもの」を明らかにする「赤札活動」について述べましたが、**3カ月や半年に1回という頻度で、定期的に赤札活動を実行することも、清潔を保つ方法として有効**です。

「いらないもの」が増えたり、関係者が異動・退職などでいなくなると、赤札活動をやっても、判断がつきにくくなります。つまり、実施期間が延びれば延びるほど、赤札活動の実施は困難を極めるのです。

短いサイクルで赤札活動を実施すれば、赤札を貼られないように「いらないもの」を置かなくなりますし、清潔を保つことを常に意識するようになります。

CHAPTER 4

LECTURE 04

「決めたことができない」のはリーダーの責任

>> POINT

職場全体で片づけに取り組むときは、リーダーの存在が大きな役割を担う。トヨタでは、「しつけ」こそ片づけを継続させる根本だと考えている。

「やれ！」だけでは人は動かない

整理・整頓・清掃・清潔がいかに大切かわかっていても、なかなかそれを実行に移せず、オフィスや工場に定着しないことがしばしば起きます。特に職場全体で片づけに取り組む場合は、一人ひとりが高い意識で取り組まなければいけません。

だから、いちばん最後に、それを徹底して守らせる「しつけ」が必要になります。

さまざまな現場を指導してきているトレーナーの藤原健二が直面するのは、次のような場面です。

「いろんな現場でそこのリーダーの方から、『うちは5Sのルールを決めたんだけど、なかなか社員が実行できない。どこが悪いんでしょうか』とよく聞かれます。

そうしたとき、私はちょっと間を置いて『あなたの仕事は何ですか。そのルールを徹底して続けさせていくのが、あなたの仕事ではないのですか』と言う。すると、その方はたいてい言葉に詰まってしまう。あとの言葉が出てこなくなるのです」

会社や工場の社員には、やらなければならない日々の仕事があります。それをきっちりやりつつ、整理・整頓・清掃・清潔を進めていかなければなりません。だから、ともすると、日々の作業に追われ、せっかく決めたルールがいつしか守られなくなりがちです。

そこで、そのルールがしっかり守られているかどうかのチェック機能が必要となり、現場のリーダーたちの力量が問われてくることになります。「決めたことをやらせる」のが、現場のリーダーの仕事なのです。

教えても部下が実行できないのは、教えるほうの責任です。3回言ってもできないなら、10回言う。10回言ってもできないなら、20回言う。それが「しつけ」なのです。

「現場任せ」のリーダーは片づけを習慣化できない

リーダーが「整理・整頓は現場の仕事」という姿勢でいる職場は、絶対に片づけが習慣化しません。

「整理・整頓は大事だ。だから、現場で徹底してくれ」と言っても、現場の従業員のなかには、「整理・整頓は仕事ではない」と思っている人もいます。

「整理・整頓は仕事の一部である」とリーダーやトップが理解していないと、絶対に職場全体に浸透しません。

職場の片づけを習慣化できるどうかは、リーダーの手腕にかかっているといっても過言ではありません。

ただし、ただ「やれ！」と言うだけでは、人は動きません。悪いところ、欠点となっているところを現場のリーダーがどんどん指摘するだけでは、部下はたまったものではありません。

うまくいかないことには、その理由が絶対にあるはずです。「守らない」のではなく、「守れない」合理的な理由があるケースも少なくありません。その理由が何かを部下に聞いていかないといけないのです。

ここでいきなり怒ってはダメ。「どうしてそうなったか」「何かやりにくいところがあるのではないか」と聞き出していくことが必要です。

それは些細な理由かもしれませんが、合理的な理由である場合は、改善をして、守れる状況にする必要があります。そうでなければ、どんなルールも続くわけがありません。

「百聞は一見にしかず」には続きがある

片づけのルールを守るのは、現場の従業員だけではありません。経営層や部長、課長などのリーダー層もまた、例外なくルールを守る必要があります。

そうしなければ、守らない上司を見て、「ああ、守らなくてもよいのだ」と感じる部下が出てくるからです。

リーダーは、ルールを守るだけでなく、率先して活動しなければなりません。

たとえば、ゴミが床に落ちていれば、リーダー自ら進んで拾う。「あれをやれ」「これをやれ」と指示するだけでは、説得力がありませんし、従業員は真剣に取り組みません。

「百聞は一見にしかず」という言葉を聞いたことがあると思いますが、これには続きがあります。

百見は一考にしかず（いくらたくさん見ても、考えなければ前に進まない）
百考は一行にしかず（どんなに考えても「行動」を起こさなければ前には進まない）
百行は一果にしかず（どんなに行動をしても、成果を残さなければ成長しない）

リーダーが率先して取り組む姿勢を見せなければ、部下はついてきません。逆に、リーダーが本気で取り組む姿勢を見せれば、片づけの習慣が職場に浸透していきます。

リーダーは、部下にルールを守らせるのも重要な仕事です。**トヨタの指導方法の基本は、「現地・現物」。いかなる指導も机上ではなく、徹底して現場で行うのが原則**です。

片づけを徹底させるときも、現地・現物でないと意味がありません。つまり、報告書を読んで「あそこの在庫を整理しなさい」、数日たってから「この間、あそこが汚れていた」と言うのでは、部下も納得しません。

リーダーの本気度がモチベーションを高める

トレーナーの岩月恒久が指導に入ったある製造業の会社では、整理・整頓の徹底により、工場内にあったうちの8割くらいのモノを捨てた結果、半日かかっていた作業時間が、何と45％も短縮しました。

以前の工場内は、フォークリフトがギリギリ入るような通路でしたが、**大型バスが入るくらいにまでスペースが生まれた**のです。

その会社が成功した秘訣のひとつは、工場長のリーダーシップにあります。工場長が従業員と一緒になって清掃をするなど共に汗を流し、率先垂範の姿勢を見せたのです。

パフォーマンスで中途半端に実行したら、逆効果ですが、職場をよくしたいという気持ちが入っていれば、リーダーが先頭に立って整理・整頓を行うことは、従業員のモチベーションを高めることになります。

このとき工場長が、従業員にこんなことを語りかけました。

「奥さんや子ども、家族を連れて来られるようなキレイな職場にしよう」

このひと言で、従業員のやる気に火がつき、整理・整頓に勢いがついたのはいうまでもありません。その後、実際に従業員の家族を工場に呼んで、バーベキューパーティーをしたといいます。

リーダーが率先して整理・整頓に携わることで、片づけの習慣は持続するのです。

「原理」「原則」を教えないと定着しない

トヨタでは、「現地・現物」という考え方を大切にしています。

机上ではなく、実際に現地で現物を観察して、問題の解決を図らなければならないという考え方です。

トレーナーの中島輝雄は、この現地・現物に加えて、2つの要素が必要だと言います。

「それは、『原理』と『原則』。簡単に言うと『なぜそうなっているのか』と『基本的な判断基準』のことで、これらを認識していないと、『作業を何のためにするのか』という視点が抜けてしまいます。すると、表面的な問題解決にしかならず、本当の意味での問題解決につながりません。

整理・整頓や清掃も同じ。『何のためにするのか』という目的がわかっていないと、一時的な活動で終わってしまって、継続できません」

たとえば、車体をつくるときは、鉄板同士を溶接でくっつける。そのときに生じた細かな鉄粉が設備の中に入って悪さをすることがあります。また、これが床に落ちていれば、すべりやすくなり、人が転ぶ危険性もあります。

だから、清掃をしないと設備が止まったり、すべってケガをしたりする恐れがあるわけです。

そうした物事の流れや関連性を教えてあげないと、従業員のなかに、本当の意味での清掃の重要性は定着しません。単純に「キレイにしなさい」と声高に叫んでいるだけでは、積極的に取り組むようにはならないのです。

「かつて5Sコンクールで賞をとった会社を指導したことがあります。しかし、実際に現場に入ってみたら、まったく徹底されていなかった。一時的にイベントとして一生懸命5Sに取り組んでも、それは表面的なもので終わってしまいます。こういう職場は山ほどあるんです。

『何のために片づけをするか』という目的が浸透していない会社では、すぐに元のように、乱雑な職場に戻ってしまいます」

職場に片づけの習慣を定着させようと思えば、リーダーが中心となって、片づけをする目的を伝えなければいけないのです。

CHAPTER 4

LECTURE 05

「片づけると楽になる」と実感する

>> POINT

「片づけるのはたいへん」という心理的な壁を取り払うには、効果を体感するのが手っ取り早い。まずは、一部でも片づけてみることが大事。

成果を実感するのが先決

片づけを習慣化するには、その効果を実感することが重要です。岩月恒久は、指導先企業の研修で整理・整頓の大切さを教えるために、次の方法を用いています。

シャープペンシルやボールペン、ホチキスなど文房具をいっぱいに詰め込んだ筆箱を用意し、研修生に「この中から赤ペンを取り出してください」「ホチキスを取り出してください」という指示を出します。

しかし、筆箱の中には赤ペンやホチキスが複数入っており、なかにはインク切れした赤ペンや、針の入っていないホチキスも紛れ込ませてあります。

すると、多くの人は、すぐに目的の文房具を取り出せません。インク切れの赤ペンなどを選べば、さらに時間がかかります。運が悪いと数十秒かかることもあります。

そのあとに、これらの文房具が1つずつ入った筆箱を渡し、同じことをしてもらいます。すると、赤ペンもホチキスも1つしかないから迷いようがありません。わずか数秒ですぐに取り出せます。

「研修では、実際の企業現場で話ができないので、筆箱を整理されていない引き出しと見立てて、説明するんです。

余計なものが入っていない筆箱のほうが、圧倒的に時間が短縮できることを実感すると、多くの人は整理・整頓の効果を『なるほど』と理解することになります」

「片づけると楽になる」ということを実感すると、人は片づけを習慣化しやすくなるのです。

「何で変えないといけないの？」

もうひとつ例を紹介しましょう。トヨタの機械部で活躍したあと、トレーナーを務める土屋仁志は、ある小売業の倉庫業務の改善に取り組みました。

40～50人のパートさんが働く倉庫では、トラックで入庫した商品を、袋に詰め直して出荷するのが仕事。しかし、商品が倉庫のあちらこちらに置いてあり、わざわざ遠くまでとりに行ったり、2階と1階を何度も行き来するような状況でした。

パートの女性たちに「なぜ、もっと近くに置かないのですか?」と尋ねても、「だって、置く場所がないから」と答えるばかりで、特に問題だと感じていないようでした。しかし、ムダが多いせいで生産性が落ちているのはあきらかでした。

「『近くに必要なものをそろえれば、もっと楽に作業ができますよ』と私が言っても、みなさんピンとこないようでした。それどころか、『これまでこのやり方でやってきたのに、何で変えないといけないの?』という反発の声も聞こえてきました。これまでの状態が当たり前だと思っているのですから、それもしかたありません。だから、まずは整理・整頓の効果を体感してもらうことを優先したのです」

作業時間が大幅に短縮!

まずは使わないものはすべて撤去し、ムダに積んであった段ボールもどかしてもらいました。そして「いるもの」は作業場の近くにまとめて置くようにしたのです。

すると、どうなったと思いますか?

「作業が早くできるし、移動も少なくて楽になりました！」とパートのみなさんが喜んでくれたのです。それからは、パートさんも積極的に5Sの活動に取り組んでくれるようになり、倉庫業務の改善はスムーズに進んでいきました。

整理・整頓の効果は数字にもあらわれました。それまで15時半が定時で、ときには18時まで残業していることもあったのに、14時半にはすべての作業が終わるようになったのです。つまり、作業効率が上がっただけでなく、残業代のコストまでカットできたのです。

片づけを習慣化するには、最初に整理・整頓の効果を実感してもらうことが肝要です。効果を肌身で感じられれば、積極的に行動を起こすようになっていきます。

リーダーが片づけの習慣を定着させようと思えば、まずはカンタンにできる個所や負担の少ない場所から手をつけてみる。そこで効果を実感させてから、本格的に整理・整頓に取り組めば、習慣化はスムーズに進むでしょう。

スペースごとに片づけると効果を実感しやすい

これらのことは、もちろんオフィスでも、個人の片づけでもいえることです。デスクまわりが「いるもの」ばかりになり、「必要なもの」を「必要なとき」に取り出せるようになれば、すぐに片づけの効果を実感できるはずです。

ただし、すべてを一気に片づけようと力が入ると、片づけるものがいっぱいで、途中で挫折する可能性があります。そもそも、「これはたいへんだ」と片づけに手をつけられない人もいるかもしれません。

ですから、**まずはデスクまわりの一部だけを片づける。そこで、片づけの効果を実感してから、ほかのスペースも順次、片づけていきます。**

たとえば、まずは「書類の山」を片づける。これがうまくいったら、次は「デスクの上」、次は「引き出しの中」というように、部分ごとに処理していくのです。

このように少しずつ効果を体感しながら取り組むと、「もっといろいろなところを片づけたい」という衝動にかられるはずです。

CHAPTER 4

LECTURE 06

「きび団子」を用意する

>> POINT

片づけの習慣をオフィス全体に広げるには、スタッフが前向きに取り組むためのしかけが必要になる。そのひとつが、「きび団子」である。

「片づけるとどんな利益があるか」を示してあげる

「片づけ＝面倒くさいもの」というイメージがあります。だから、頭ごなしに「きちんと片づけろ。そうじしろ」と言っても、部下は「やらされている」という感覚にしかなりません。

そのため、片づけを継続させるには、「どういうメリットがあるか」ということを根気強く伝える必要があります。

トヨタの現場でも、入社したばかりの従業員は、最初から整理・整頓の習慣が身についているわけではありません。従業員のなかには、整理・整頓や清掃に真面目に取り組まない者も出てきます。

「片づけは、何のためにするのか」という目的を理解していない段階では、どうしても「やらされている」という域から出ることはありません。

トレーナーの中野勝雄は、**「整理・整頓や清掃が自分の利益になることを伝えないと、自発的に取り組むようにはならない」**と言います。

「生産性がどうの、品質がどうのと説明しても、なかなか最初はわかってもらえません。だから、『整理・整頓やそうじをがんばったら、自分が報われる』という視点から話してあげることがポイントです。

整理・整頓が徹底されれば、生産性が上がり、利益が出て、自分たちの給料が跳ね上がる。業務の効率がよくなれば、恋人とのデートや趣味にかけられる時間だって増える――。このように自分の利益につながるということを繰り返し伝えるのです。実際に、整理・整頓を続けていけば、生産性や効率は確実にアップするので、整理・整頓の効果を肌で実感するはずです。ここまで来れば、もう大丈夫です」

整理・整頓や清掃を継続させるには、こうしたリーダーの地道な説得も必要になるのです。

100円の賞金が社員をやる気にさせる

片づけを習慣化させるには、整理・整頓によって得られた成果に報いることも大切です。

　トレーナーの山口悦次が指導に入り、経営改革に成功したある企業では、従業員による改善提案が盛んに行われ、整理・整頓が従業員の創意工夫で、どんどん進化しています。

　同社で、改善提案が積極的に行われる理由のひとつは、改善提案をしてくれた従業員に対して、100～500円の賞金を出すようにしたことにあります。

　その代わり、改善をすることで、どのくらいの儲けやコストダウンにつながるか、その効果を具体的な数字で示すのが条件。

　だから、「この在庫を整理したら、スペースコストが○万円削減できます」「この作業を改善したら、時間が○分、人件費にすると○円削減できます」といった利益に直結する提案が次々と挙がってくるようになっていったのです。

「もらえる金額はたいしたことはないけれど、自分たちの努力がお金という形になって戻ってくることが従業員をやる気にさせているんですね。

　仲間同士でお金をためて、お菓子を買ったり、部署ごとにライバル意識を持って競い合うなど、前向きな改善案を提案しています。百円ショップで整理・整頓に使えそうな収納箱を買ってきて、何万円ものコストダウンを達成する社員もあらわれる。

整理・整頓も一時的な活動ではなく、こうした制度として定着すると、常に改善が行われていく強い組織になっていきます」

リーダーは桃太郎たれ！

トヨタ時代に車体の製造を手がけていた山本義明も、成果に報いる大切さについてこう話します。

「トヨタ在籍時代は、『指導者は桃太郎たれ』という話を上司からよく聞かされました。桃太郎は鬼退治をしたが、1人だけではできなかった。キジ・サル・イヌの3匹の部下がいたからこそできた。キジは情報を集め、サルは知恵を使い、イヌは実践した。そして、彼らにがんばってもらうために、きび団子を与えた。

人間ですから、『やれ、やれ』ばかりではちっとも動きません。よくやってくれたのであれば、相手がちょっとでも喜んでくれることをやってあげる。

すると、その気になって、こちらが言わなくてもさらにどんどんやるようになります。きび団子の1つくらいは用意してあげないと」

山本は、このトヨタ時代の経験を生かした指導を行っています。

「『きび団子』を用意するといっても、何も金目のものである必要はありません。そういうものを用意しなさい、と指導することもありません。

大事なのは、がんばってくれた社員がちょっと喜んでくれることをしてあげるということです。そうすると、『忙しくて手がまわらない』といった言い訳をすることがなくなり、気持ちが変わって、みんながどんどん動き始めます」

こうしたきび団子作戦は、工場にかぎらず、オフィスでも実行できる考え方です。「社員の成果に報いる」というオフィス環境を実現できれば、それは片づけの習慣が根づいていく大きな原動力となるはずです。

㈱OJTソリューションズ

2002年4月、トヨタ自動車とリクルートグループによって設立されたコンサルティング会社。トヨタ在籍40年以上のベテラン技術者が「トレーナー」となり、トヨタ時代の豊富な現場経験を活かしたOJT(On the Job Training)により、現場のコア人材を育て、変化に強い現場づくり、儲かる会社づくりを支援する。

本社は愛知県名古屋市。60人以上の元トヨタの「トレーナー」が所属し、製造業界・食品業界・医薬品業界・金融業界・自治体など、さまざまな業種の顧客企業にサービスを提供している。

主な書籍に20万部のベストセラー『トヨタの片づけ』をはじめ、『トヨタ仕事の基本大全』『トヨタの問題解決』『トヨタの育て方』『[図解] トヨタの片づけ』『トヨタの上司』『トヨタの段取り』、文庫版の『トヨタの口ぐせ』(すべてKADOKAWA)などシリーズ累計60万部を超える。

中経の文庫

トヨタの片づけ

2015年12月11日　第1刷発行
2016年 4 月15日　3 版 発 行

著　者　㈱OJTソリューションズ
発行者　川金正法
発　行　株式会社KADOKAWA
〒102-8177 東京都千代田区富士見2-13-3
03-3238-8521（カスタマーサポート）
http://www.kadokawa.co.jp/

DTP キャップス　印刷・製本 暁印刷

落丁・乱丁本はご面倒でも、下記KADOKAWA読者係にお送りください。

送料は小社負担でお取り替えいたします。

古書店で購入したものについては、お取り替えできません。

電話049-259-1100（9:00〜17:00／土日、祝日、年末年始を除く）

〒354-0041 埼玉県入間郡三芳町藤久保550-1

ISBN978-4-04-601474-0　C0134